ZWEEDS
WOORDENSCHAT

THEMATISCHE WOORDENLIJST

NEDERLANDS ZWEEDS

De meest bruikbare woorden
Om uw woordenschat uit te breiden en
uw taalvaardigheid aan te scherpen

3000 woorden

Thematische woordenschat Nederlands-Zweeds - 3000 woorden
Door Andrey Taranov

Woordenlijsten van T&P Books zijn bedoeld om u woorden van een vreemde taal te helpen leren, onthouden, en bestudering. Dit woordenboek is ingedeeld in thema's en behandelt alle belangrijk terreinen van het dagelijkse leven, bedrijven, wetenschap, cultuur, etc.

Het proces van het leren van woorden met behulp van de op thema's gebaseerde aanpak van T&P Books biedt u de volgende voordelen:

- Correct gegroepeerde informatie is bepalend voor succes bij opeenvolgende stadia van het leren van woorden
- De beschikbaarheid van woorden die van dezelfde stam zijn maakt het mogelijk om woordgroepen te onthouden (in plaats van losse woorden)
- Kleine groepen van woorden faciliteren het proces van het aanmaken van associatieve verbindingen, die nodig zijn bij het consolideren van de woordenschat
- Het niveau van talenkennis kan worden ingeschat door het aantal geleerde woorden

Copyright © 2016 T&P Books Publishing

Alle rechten voorbehouden. Niets uit deze uitgave mag worden verveelvoudigd, opgeslagen in een geautomatiseerd gegevensbestand en/of openbaar gemaakt in enige vorm of op enige wijze, hetzij elektronisch, mechanisch, door fotokopieën, opnamen of op enige andere manier zonder voorafgaande schriftelijke toestemming van de uitgever. U mag dit boek niet verspreiden in welk formaat dan ook.

T&P Books Publishing
www.tpbooks.com

ISBN: 978-1-78492-400-3

Dit boek is ook beschikbaar in e-boek formaat.
Gelieve www.tpbooks.com te bezoeken of de belangrijkste online boekwinkels.

ZWEEDSE WOORDENSCHAT
nieuwe woorden leren

T&P Books woordenlijsten zijn bedoeld om u te helpen vreemde woorden te leren, te onthouden, en te bestuderen. De woordenschat bevat meer dan 3000 veel gebruikte woorden die thematisch geordend zijn.

- De woordenlijst bevat de meest gebruikte woorden
- Aanbevolen als aanvulling bij welke taalcursus dan ook
- Voldoet aan de behoeften van de beginnende en gevorderde student in vreemde talen
- Geschikt voor dagelijks gebruik, bestudering en zelftestactiviteiten
- Maakt het mogelijk om uw woordenschat te evalueren

Bijzondere kenmerken van de woordenschat

- De woorden zijn gerangschikt naar hun betekenis, niet volgens alfabet
- De woorden worden weergegeven in drie kolommen om bestudering en zelftesten te vergemakkelijken
- Woorden in groepen worden verdeeld in kleine blokken om het leerproces te vergemakkelijken
- De woordenschat biedt een handige en eenvoudige beschrijving van elk buitenlands woord

De woordenschat bevat 101 onderwerpen zoals:

Basisconcepten, getallen, kleuren, maanden, seizoenen, meeteenheden, kleding en accessoires, eten & voeding, restaurant, familieleden, verwanten, karakter, gevoelens, emoties, ziekten, stad, dorp, bezienswaardigheden, winkelen, geld, huis, thuis, kantoor, werken op kantoor, import & export, marketing, werk zoeken, sport, onderwijs, computer, internet, gereedschap, natuur, landen, nationaliteiten en meer ...

INHOUDSOPGAVE

Uitspraakgids	8
Afkortingen	10

BASISBEGRIPPEN 12

1. Voornaamwoorden 12
2. Begroetingen. Begroetingen 12
3. Vragen 13
4. Voorzetsels 13
5. Functiewoorden. Bijwoorden. Deel 1 14
6. Functiewoorden. Bijwoorden. Deel 2 15

GETALLEN. DIVERSEN 17

7. Kardinale getallen. Deel 1 17
8. Kardinale getallen. Deel 2 18
9. Ordinale getallen 18

KLEUREN. MEETEENHEDEN 19

10. Kleuren 19
11. Meeteenheden 19
12. Containers 20

BELANGRIJKSTE WERKWOORDEN 22

13. De belangrijkste werkwoorden. Deel 1 22
14. De belangrijkste werkwoorden. Deel 2 23
15. De belangrijkste werkwoorden. Deel 3 23
16. De belangrijkste werkwoorden. Deel 4 24

TIJD. KALENDER 26

17. Dagen van de week 26
18. Uren. Dag en nacht 26
19. Maanden. Seizoenen 27

| REIZEN. HOTEL | 30 |

20. Trip. Reizen	30
21. Hotel	30
22. Bezienswaardigheden	31

| VERVOER | 33 |

23. Vliegveld	33
24. Vliegtuig	34
25. Trein	34
26. Schip	35

| STAD | 38 |

27. Stedelijk vervoer	38
28. Stad. Het leven in de stad	39
29. Stedelijke instellingen	40
30. Borden	41
31. Winkelen	42

| KLEDING EN ACCESSOIRES | 44 |

32. Bovenkleding. Jassen	44
33. Heren & dames kleding	44
34. Kleding. Ondergoed	45
35. Hoofddeksels	45
36. Schoeisel	45
37. Persoonlijke accessoires	46
38. Kleding. Diversen	46
39. Persoonlijke verzorging. Schoonheidsmiddelen	47
40. Horloges. Klokken	48

| ALLEDAAGSE ERVARING | 49 |

41. Geld	49
42. Post. Postkantoor	50
43. Bankieren	50
44. Telefoon. Telefoongesprek	51
45. Mobiele telefoon	52
46. Schrijfbehoeften	52
47. Vreemde talen	53

| MAALTIJDEN. RESTAURANT | 55 |

48. Tafelschikking	55
49. Restaurant	55
50. Maaltijden	55
51. Bereide gerechten	56
52. Voedsel	57

53. Drankjes	59
54. Groenten	60
55. Vruchten. Noten	61
56. Brood. Snoep	61
57. Kruiden	62

PERSOONLIJKE INFORMATIE. FAMILIE	**63**
58. Persoonlijke informatie. Formulieren	63
59. Familieleden. Verwanten	63
60. Vrienden. Collega's	64

MENSELIJK LICHAAM. GENEESKUNDE	**66**
61. Hoofd	66
62. Menselijk lichaam	67
63. Ziekten	67
64. Symptomen. Behandelingen. Deel 1	69
65. Symptomen. Behandelingen. Deel 2	70
66. Symptomen. Behandelingen. Deel 3	71
67. Geneeskunde. Medicijnen. Accessoires	71

APPARTEMENT	**73**
68. Appartement	73
69. Meubels. Interieur	73
70. Beddengoed	74
71. Keuken	74
72. Badkamer	75
73. Huishoudelijke apparaten	76

DE AARDE. WEER	**77**
74. De kosmische ruimte	77
75. De Aarde	78
76. Windrichtingen	78
77. Zee. Oceaan	79
78. Namen van zeeën en oceanen	80
79. Bergen	81
80. Bergen namen	82
81. Rivieren	82
82. Namen van rivieren	83
83. Bos	83
84. Natuurlijke hulpbronnen	84
85. Weer	85
86. Zwaar weer. Natuurrampen	86

FAUNA	**88**
87. Zoogdieren. Roofdieren	88
88. Wilde dieren	88

89. Huisdieren	89
90. Vogels	90
91. Vis. Zeedieren	92
92. Amfibieën. Reptielen	92
93. Insecten	93

FLORA 94

94. Bomen	94
95. Heesters	94
96. Vruchten. Bessen	95
97. Bloemen. Planten	96
98. Granen, graankorrels	97

LANDEN VAN DE WERELD 98

99. Landen. Deel 1	98
100. Landen. Deel 2	99
101. Landen. Deel 3	99

UITSPRAAKGIDS

Letter	Zweeds voorbeeld	T&P fonetisch alfabet	Nederlands voorbeeld
Aa	bada	[ɑ], [ɑ:]	acht
Bb	tabell	[b]	hebben
Cc [1]	licens	[s]	spreken, kosten
Cc [2]	container	[k]	kennen, kleur
Dd	andra	[d]	Dank u, honderd
Ee	efter	[e]	delen, spreken
Ff	flera	[f]	feestdag, informeren
Gg [3]	gömma	[j]	New York, januari
Gg [4]	truga	[g]	goal, tango
Hh	handla	[h]	het, herhalen
Ii	tillhöra	[i:], [ɪ]	team, iemand
Jj	jaga	[j]	New York, januari
Kk [5]	keramisk	[ɕ]	Chicago, jasje
Kk [6]	frisk	[k]	kennen, kleur
Ll	tal	[l]	delen, luchter
Mm	medalj	[m]	morgen, etmaal
Nn	panik	[n]	nemen, zonder
Oo	tolv	[ɔ]	aankomst, bot
Pp	plommon	[p]	parallel, koper
Qq	squash	[k]	kennen, kleur
Rr	spelregler	[r]	roepen, breken
Ss	spara	[s]	spreken, kosten
Tt	tillhöra	[t]	tomaat, taart
Uu	ungefär	[u], [u:]	hoed, fuut
Vv	overall	[v]	beloven, schrijven
Ww [7]	kiwi	[w]	twee, willen
Xx	sax	[ks]	links, maximaal
Yy	manikyr	[y], [y:]	neus, treurig
Zz	zoolog	[s]	spreken, kosten
Åå	sångare	[ə]	formule, wachten
Ää	tandläkare	[æ]	Nederlands Nedersaksisch - dät, Engels - cat
Öö	kompositör	[ø]	neus, beu

Lettercombinaties

Ss [8]	sjösjuka	[ʃ]	shampoo, machine
sk [9]	skicka	[ʃ]	shampoo, machine
s [10]	först	[ʃ]	shampoo, machine
J j [11]	djärv	[j]	New York, januari

Letter	Zweeds voorbeeld	T&P fonetisch alfabet	Nederlands voorbeeld
Lj [12]	ljus	[j]	New York, januari
kj, tj	kjol	[ɕ]	Chicago, jasje
ng	omkring	[ŋ]	optelling, jongeman

Opmerkingen

* **kj** voornaamwoorden als
** **ng** draagt een nasaal geluid over
[1] voor **e, i, y**
[2] elders
[3] voor **e, i, ä, ö**
[4] elders
[5] voor **e, i, ä, ö**
[6] elders
[7] in leenwoorden
[8] in **sj, skj, stj**
[9] voor de benadrukte **e, i, y, ä, ö**
[10] in combinatie **rs**
[11] in **dj, hj, gj, kj**
[12] aan het begin van woorden

AFKORTINGEN
gebruikt in de woordenschat

Nederlandse afkortingen

abn	-	als bijvoeglijk naamwoord
bijv.	-	bijvoorbeeld
bn	-	bijvoeglijk naamwoord
bw	-	bijwoord
enk.	-	enkelvoud
enz.	-	enzovoort
form.	-	formele taal
inform.	-	informele taal
mann.	-	mannelijk
mil.	-	militair
mv.	-	meervoud
on.ww.	-	onovergankelijk werkwoord
ontelb.	-	ontelbaar
ov.	-	over
ov.ww.	-	overgankelijk werkwoord
telb.	-	telbaar
vn	-	voornaamwoord
vrouw.	-	vrouwelijk
vw	-	voegwoord
vz	-	voorzetsel
wisk.	-	wiskunde
ww	-	werkwoord

Nederlandse artikelen

de	-	gemeenschappelijk geslacht
de/het	-	gemeenschappelijk geslacht, onzijdig
het	-	onzijdig

Zweedse afkortingen

pl	-	meervoud

Zweedse artikelen

den	-	gemeenschappelijk geslacht
det	-	onzijdig
en	-	gemeenschappelijk geslacht
ett	-	onzijdig

BASISBEGRIPPEN

1. Voornaamwoorden

ik	jag	['ja:]
jij, je	du	[dɵ:]
hij	han	['han]
zij, ze	hon	['hʊn]
het	det, den	[dɛ], [dɛn]
wij, we	vi	['vi]
jullie	ni	['ni]
zij, ze	de	[de:]

2. Begroetingen. Begroetingen

Hallo! Dag!	Hej!	['hɛj]
Hallo!	Hej! Hallå!	['hɛj], [ha'lʲo:]
Goedemorgen!	God morgon!	[ˌgʊd 'mɔrgɔn]
Goedemiddag!	God dag!	[ˌgʊd 'dag]
Goedenavond!	God kväll!	[ˌgʊd 'kvɛlʲ]
gedag zeggen (groeten)	att hälsa	[at 'hɛlʲsa]
Hoi!	Hej!	['hɛj]
groeten (het)	hälsning (en)	['hɛlʲsniŋ]
verwelkomen (ww)	att hälsa	[at 'hɛlʲsa]
Hoe gaat het met u?	Hur står det till?	[hɵr sto: de 'tilʲ]
Hoe is het?	Hur är det?	[hɵr ɛr 'de:]
Is er nog nieuws?	Vad är nytt?	[vad æ:r 'nʏt]
Tot ziens! (form.)	Adjö! Hej då!	[a'jø:], [hɛj'do:]
Doei!	Hej då!	[hɛj'do:]
Tot snel! Tot ziens!	Vi ses!	[vi ses]
Vaarwel!	Adjö! Farväl!	[a'jø:], [far'vɛ:lʲ]
afscheid nemen (ww)	att säga adjö	[at 'sɛ:ja a'jø:]
Tot kijk!	Hej då!	[hɛj'do:]
Dank u!	Tack!	['tak]
Dank u wel!	Tack så mycket!	['tak sɔ 'mʏkə]
Graag gedaan	Varsågod	['va:ʂo:gʊd]
Geen dank!	Ingen orsak!	['iŋən 'ʊ:ʂak]
Geen moeite.	Ingen orsak!	['iŋən 'ʊ:ʂak]
Excuseer me, ... (inform.)	Ursäkta, ...	['ɵ:ˌʂɛkta ...]
Excuseer me, ... (form.)	Ursäkta mig, ...	['ɵ:ˌʂɛkta mɛj ...]
excuseren (verontschuldigen)	att ursäkta	[at 'ɵ:ˌʂɛkta]
zich verontschuldigen	att ursäkta sig	[at 'ɵ:ˌʂɛkta sɛj]

Mijn excuses.	Jag ber om ursäkt	[ja ber ɔm 'ʉːˌsɛkt]
Het spijt me!	Förlåt!	[fœːˈlʲoːt]
vergeven (ww)	att förlåta	[at ˈfœːˌlʲoːta]
Maakt niet uit!	Det gör inget	[dɛ jør 'iŋet]
alsjeblieft	snälla	['snɛla]

Vergeet het niet!	Glöm inte!	['glʲøːm 'intə]
Natuurlijk!	Naturligtvis!	[naˈtɵrligvis]
Natuurlijk niet!	Självklart inte!	['ɧɛlʲvklʲaṱ 'intə]
Akkoord!	OK! Jag håller med.	[ɔ'kej] , [ja 'hoːlʲer me]
Zo is het genoeg!	Det räcker!	[dɛ 'rɛkə]

3. Vragen

Wie?	Vem?	['vem]
Wat?	Vad?	['vad]
Waar?	Var?	['vɑr]
Waarheen?	Vart?	['vɑːṱ]
Waar ... vandaan?	Varifrån?	['varifroːn]
Wanneer?	När?	['næːr]
Waarom?	Varför?	['vaːføːr]
Waarom?	Varför?	['vaːføːr]

Waarvoor dan ook?	För vad?	['før vad]
Hoe?	Hur?	['hʉːr]
Wat voor ...?	Vilken?	['vilʲkən]
Welk?	Vilken?	['vilʲkən]

Aan wie?	Till vem?	[tilʲ 'vem]
Over wie?	Om vem?	[ɔm 'vem]
Waarover?	Om vad?	[ɔm 'vad]
Met wie?	Med vem?	[me 'vem]

| Hoeveel? (telb.) | Hur många? | [hʉr 'mɔŋa] |
| Van wie? (mann.) | Vems? | ['vɛms] |

4. Voorzetsels

met (bijv. ~ beleg)	med	['me]
zonder (~ accent)	utan	['ʉtan]
naar (in de richting van)	till	['tilʲ]
over (praten ~)	om	['ɔm]
voor (in tijd)	för, inför	['føːr], ['inføːr]
voor (aan de voorkant)	framför	['framføːr]

onder (lager dan)	under	['undər]
boven (hoger dan)	över	['øːvər]
op (bovenop)	på	[pɔ]
van (uit, afkomstig van)	från	['frɔn]
van (gemaakt van)	av	[av]
over (bijv. ~ een uur)	om	['ɔm]
over (over de bovenkant)	över	['øːvər]

5. Functiewoorden. Bijwoorden. Deel 1

Waar?	Var?	['var]
hier (bw)	här	['hæ:r]
daar (bw)	där	['dæ:r]
ergens (bw)	någonstans	['no:gɔn‚stans]
nergens (bw)	ingenstans	['iŋən‚stans]
bij ... (in de buurt)	vid	['vid]
bij het raam	vid fönstret	[vid 'fœnstrət]
Waarheen?	Vart?	['va:t]
hierheen (bw)	hit	['hit]
daarheen (bw)	dit	['dit]
hiervandaan (bw)	härifrån	['hæ:ri‚fro:n]
daarvandaan (bw)	därifrån	['dæ:ri‚fro:n]
dichtbij (bw)	nära	['næ:ra]
ver (bw)	långt	['lʲɔŋt]
in de buurt (van ...)	nära	['næ:ra]
vlakbij (bw)	i närheten	[i 'næ:r‚hetən]
niet ver (bw)	inte långt	['intə 'lʲɔŋt]
linker (bn)	vänster	['vɛnstər]
links (bw)	till vänster	[tilʲ 'vɛnstər]
linksaf, naar links (bw)	till vänster	[tilʲ 'vɛnstər]
rechter (bn)	höger	['hø:gər]
rechts (bw)	till höger	[tilʲ 'hø:gər]
rechtsaf, naar rechts (bw)	till höger	[tilʲ 'hø:gər]
vooraan (bw)	framtill	['framtilʲ]
voorste (bn)	främre	['frɛmrə]
vooruit (bw)	framåt	['framo:t]
achter (bw)	bakom, baktill	['bakɔm], ['bak'tilʲ]
van achteren (bw)	bakifrån	['baki‚fro:n]
achteruit (naar achteren)	tillbaka	[tilʲ'baka]
midden (het)	mitt (en)	['mit]
in het midden (bw)	i mitten	[i 'mitən]
opzij (bw)	från sidan	[frɔn 'sidan]
overal (bw)	överallt	['ø:vər‚alʲt]
omheen (bw)	runt omkring	[runt ɔm'kriŋ]
binnenuit (bw)	inifrån	['ini‚fro:n]
naar ergens (bw)	någonstans	['no:gɔn‚stans]
rechtdoor (bw)	rakt, rakt fram	['rakt], ['rakt fram]
terug (bijv. ~ komen)	tillbaka	[tilʲ'baka]
ergens vandaan (bw)	från var som helst	[frɔn va sɔm 'hɛlʲst]
ergens vandaan (en dit geld moet ~ komen)	från någonstans	[frɔn 'no:gɔn‚stans]

T&P Books. Thematische woordenschat Nederlands-Zweeds - 3000 woorden

ten eerste (bw)	för det första	['før de 'fœːʂta]
ten tweede (bw)	för det andra	['før de 'andra]
ten derde (bw)	för det tredje	['før de 'trɛdjə]
plotseling (bw)	plötsligt	['plʲøtslit]
in het begin (bw)	i början	[i 'bœrjan]
voor de eerste keer (bw)	för första gången	['før 'fœːʂta 'goŋən]
lang voor ... (bw)	långt innan ...	['lʲoŋt 'inan ...]
opnieuw (bw)	på nytt	[pɔ 'nʏt]
voor eeuwig (bw)	för gott	[før 'gɔt]
nooit (bw)	aldrig	['alʲdrig]
weer (bw)	igen	['ijɛn]
nu (bw)	nu	['nʉː]
vaak (bw)	ofta	['ɔfta]
toen (bw)	då	['doː]
urgent (bw)	brådskande	['brɔˌskandə]
meestal (bw)	vanligtvis	['vanˌlitvis]
trouwens, ... (tussen haakjes)	förresten ...	[fœːˈrɛstən ...]
mogelijk (bw)	möjligen	['mœjligən]
waarschijnlijk (bw)	sannolikt	[sanʊ'likt]
misschien (bw)	kanske	['kanʃə]
trouwens (bw)	dessutom ...	[desˈʉːtʊm ...]
daarom ...	därför ...	['dæːfør ...]
in weerwil van ...	i trots av ...	[i 'trɔts av ...]
dankzij ...	tack vare ...	['tak ˌvarə ...]
wat (vn)	vad	['vad]
dat (vw)	att	[at]
iets (vn)	något	['noːgɔt]
iets	något	['noːgɔt]
niets (vn)	ingenting	['iŋəntiŋ]
wie (~ is daar?)	vem	['vem]
iemand (een onbekende)	någon	['noːgɔn]
iemand (een bepaald persoon)	någon	['noːgɔn]
niemand (vn)	ingen	['iŋən]
nergens (bw)	ingenstans	['iŋənˌstans]
niemands (bn)	ingens	['iŋəns]
iemands (bn)	någons	['noːgɔns]
zo (Ik ben ~ blij)	så	['soː]
ook (evenals)	också	['ɔksoː]
alsook (eveneens)	också	['ɔksoː]

6. Functiewoorden. Bijwoorden. Deel 2

Waarom?	Varför?	['vaːføːr]
om een bepaalde reden	av någon anledning	[av 'noːgɔn 'anˌlʲedniŋ]
omdat ...	därför att ...	['dæːfør at ...]

voor een bepaald doel	av någon anledning	[av 'noːɡɔn 'anˌlʲedniŋ]
en (vw)	och	['ɔ]
of (vw)	eller	['ɛlʲer]
maar (vw)	men	['men]
voor (vz)	för, till	['føːr]
te (~ veel mensen)	för, alltför	['føːr], ['alʲtføːr]
alleen (bw)	bara, endast	['bara], ['ɛndast]
precies (bw)	precis, exakt	[prɛ'sis], [ɛk'sakt]
ongeveer (~ 10 kg)	cirka	['sirka]
omstreeks (bw)	ungefär	['uŋəˌfæːr]
bij benadering (bn)	ungefärlig	['uŋəˌfæːlʲig]
bijna (bw)	nästan	['nɛstan]
rest (de)	rest (en)	['rɛst]
de andere (tweede)	den andra	[dɛn 'andra]
ander (bn)	andre	['andrə]
elk (bn)	var	['var]
om het even welk	vilken som helst	['vilʲkən sɔm 'hɛlʲst]
veel (grote hoeveelheid)	mycken, mycket	['mʏkən], ['mʏkə]
veel mensen	många	['mɔŋa]
iedereen (alle personen)	alla	['alʲa]
in ruil voor ...	i gengäld för ...	[i 'jɛŋɛldˌfør ...]
in ruil (bw)	i utbyte	[i 'ʉtˌbytə]
met de hand (bw)	för hand	[før 'hand]
onwaarschijnlijk (bw)	knappast	['knapast]
waarschijnlijk (bw)	sannolikt	[sanʊ'likt]
met opzet (bw)	med flit, avsiktligt	[me flit], ['avsiktlit]
toevallig (bw)	tillfälligtvis	['tilʲfolitvis]
zeer (bw)	mycket	['mʏkə]
bijvoorbeeld (bw)	till exempel	[tilʲ ɛk'sɛmpəl]
tussen (~ twee steden)	mellan	['mɛlʲan]
tussen (te midden van)	bland	['blʲand]
zoveel (bw)	så mycket	[sɔ 'mʏkə]
vooral (bw)	särskilt	['sæːˌʂilʲt]

GETALLEN. DIVERSEN

7. Kardinale getallen. Deel 1

nul	noll	['nɔlʲ]
een	ett	[ɛt]
twee	två	['tvoː]
drie	tre	['treː]
vier	fyra	['fyra]

vijf	fem	['fem]
zes	sex	['sɛks]
zeven	sju	['ɧʉː]
acht	åtta	['ota]
negen	nio	['niːʊ]

tien	tio	['tiːʊ]
elf	elva	['ɛlʲva]
twaalf	tolv	['tɔlʲv]
dertien	tretton	['trɛtːɔn]
veertien	fjorton	['fjʊːʈɔn]

vijftien	femton	['fɛmtɔn]
zestien	sexton	['sɛkstɔn]
zeventien	sjutton	['ɧʉːtːɔn]
achttien	arton	['aːʈɔn]
negentien	nitton	['niːtːɔn]

twintig	tjugo	['ɕʉgʊ]
eenentwintig	tjugoett	['ɕʉgʊˌɛt]
tweeëntwintig	tjugotvå	['ɕʉgʊˌtvoː]
drieëntwintig	tjugotre	['ɕʉgʊˌtreː]

dertig	trettio	['trɛtːiʊ]
eenendertig	trettioett	['trɛtːiʊˌɛt]
tweeëndertig	trettiotvå	['trɛtːiʊˌtvoː]
drieëndertig	trettiotre	['trɛtːiʊˌtreː]

veertig	fyrtio	['fœːʈiʊ]
eenenveertig	fyrtioett	['fœːʈiʊˌɛt]
tweeënveertig	fyrtiotvå	['fœːʈiʊˌtvoː]
drieënveertig	fyrtiotre	['fœːʈiʊˌtreː]

vijftig	femtio	['fɛmtiʊ]
eenenvijftig	femtioett	['fɛmtiʊˌɛt]
tweeënvijftig	femtiotvå	['fɛmtiʊˌtvoː]
drieënvijftig	femtiotre	['fɛmtiʊˌtreː]

zestig	sextio	['sɛkstiʊ]
eenenzestig	sextioett	['sɛkstiʊˌɛt]

| tweeënzestig | sextiotvå | ['sɛkstiʉˌtvoː] |
| drieënzestig | sextiotre | ['sɛkstiʉˌtreː] |

zeventig	sjuttio	['ɧuttiʉ]
eenenzeventig	sjuttioett	['ɧuttiʉˌɛt]
tweeënzeventig	sjuttiotvå	['ɧuttiʉˌtvoː]
drieënzeventig	sjuttiotre	['ɧuttiʉˌtreː]

tachtig	åttio	['ottiʉ]
eenentachtig	åttioett	['ottiʉ'ɛt]
tweeëntachtig	åttiotvå	['ottiʉˌtvoː]
drieëntachtig	åttiotre	['ottiʉˌtreː]

negentig	nittio	['nittiʉ]
eenennegentig	nittioett	['nittiʉˌɛt]
tweeënnegentig	nittiotvå	['nittiʉˌtvoː]
drieënnegentig	nittiotre	['nittiʉˌtreː]

8. Kardinale getallen. Deel 2

honderd	hundra (ett)	['hundra]
tweehonderd	tvåhundra	['tvoːˌhundra]
driehonderd	trehundra	['treˌhundra]
vierhonderd	fyrahundra	['fyraˌhundra]
vijfhonderd	femhundra	['femˌhundra]

zeshonderd	sexhundra	['sɛksˌhundra]
zevenhonderd	sjuhundra	['ɧʉːˌhundra]
achthonderd	åttahundra	['otaˌhundra]
negenhonderd	niohundra	['niʉˌhundra]

duizend	tusen (ett)	['tʉːsən]
tweeduizend	tvåtusen	['tvoːˌtʉːsən]
drieduizend	tretusen	['treːˌtʉːsən]
tienduizend	tiotusen	['tiːʉˌtʉːsən]
honderdduizend	hundratusen	['hundraˌtʉːsən]
miljoen (het)	miljon (en)	[mi'ljun]
miljard (het)	miljard (en)	[mi'ljaːɖ]

9. Ordinale getallen

eerste (bn)	första	['fœːʂta]
tweede (bn)	andra	['andra]
derde (bn)	tredje	['trɛdjə]
vierde (bn)	fjärde	['fjæːɖə]
vijfde (bn)	femte	['fɛmtə]

zesde (bn)	sjätte	['ɧæːtə]
zevende (bn)	sjunde	['ɧundə]
achtste (bn)	åttonde	['ottondə]
negende (bn)	nionde	['niːʉndə]
tiende (bn)	tionde	['tiːɔndə]

KLEUREN. MEETEENHEDEN

10. Kleuren

kleur (de)	färg (en)	['fæːrj]
tint (de)	nyans (en)	[ny'ans]
kleurnuance (de)	färgton (en)	['fæːrjˌtʊn]
regenboog (de)	regnbåge (en)	['rɛgnˌboːgə]
wit (bn)	vit	['vit]
zwart (bn)	svart	['svaːt]
grijs (bn)	grå	['groː]
groen (bn)	grön	['grøːn]
geel (bn)	gul	['gʉːlʲ]
rood (bn)	röd	['røːd]
blauw (bn)	blå	['blʲoː]
lichtblauw (bn)	ljusblå	['jʉːsˌblʲoː]
roze (bn)	rosa	['rɔsa]
oranje (bn)	orange	[ɔ'ranʃ]
violet (bn)	violett	[viʊ'lʲet]
bruin (bn)	brun	['brʉːn]
goud (bn)	guld-	['gulʲd-]
zilverkleurig (bn)	silver-	['silʲvər-]
beige (bn)	beige	['bɛʃ]
roomkleurig (bn)	cremefärgad	['krɛːmˌfæːrjad]
turkoois (bn)	turkos	[tur'koːs]
kersrood (bn)	körsbärsröd	['çøːʂbæːʂˌrøːd]
lila (bn)	lila	['lilʲa]
karmijnrood (bn)	karmosinröd	[kar'mosinˌrøːd]
licht (bn)	ljus	['jʉːs]
donker (bn)	mörk	['mœːrk]
fel (bn)	klar	['klʲar]
kleur-, kleurig (bn)	färg-	['fæːrj-]
kleuren- (abn)	färg-	['fæːrj-]
zwart-wit (bn)	svartvit	['svaːtˌvit]
eenkleurig (bn)	enfärgad	['ɛnˌfæːrjad]
veelkleurig (bn)	mångfärgad	['mɔŋˌfæːrjad]

11. Meeteenheden

gewicht (het)	vikt (en)	['vikt]
lengte (de)	längd (en)	[lʲɛŋd]

Nederlands	Zweeds	Uitspraak
breedte (de)	bredd (en)	['brɛd]
hoogte (de)	höjd (en)	['hœjd]
diepte (de)	djup (ett)	['jʉːp]
volume (het)	volym (en)	[vɔ'lʲym]
oppervlakte (de)	yta, areal (en)	['yta], [are'alʲ]
gram (het)	gram (ett)	['gram]
milligram (het)	milligram (ett)	['miliˌgram]
kilogram (het)	kilogram (ett)	[ɕilʲɔ'gram]
ton (duizend kilo)	ton (en)	['tʊn]
pond (het)	skålpund (ett)	['skoːlʲˌpund]
ons (het)	uns (ett)	['uns]
meter (de)	meter (en)	['metər]
millimeter (de)	millimeter (en)	['miliˌmetər]
centimeter (de)	centimeter (en)	[sɛnti'metər]
kilometer (de)	kilometer (en)	[ɕilʲɔ'metər]
mijl (de)	mil (en)	['milʲ]
duim (de)	tum (en)	['tum]
voet (de)	fot (en)	['fʊt]
yard (de)	yard (en)	['jaːd]
vierkante meter (de)	kvadratmeter (en)	[kva'dratˌmetər]
hectare (de)	hektar (ett)	[hɛk'tar]
liter (de)	liter (en)	['litər]
graad (de)	grad (en)	['grad]
volt (de)	volt (en)	['vɔlʲt]
ampère (de)	ampere (en)	[am'pɛr]
paardenkracht (de)	hästkraft (en)	['hɛstˌkraft]
hoeveelheid (de)	mängd, kvantitet (en)	['mɛnt], [kwanti'tet]
een beetje ...	få ..., inte många ...	['foː: ...], ['intə 'mɔŋa ...]
helft (de)	hälft (en)	['hɛlʲft]
dozijn (het)	dussin (ett)	['dusin]
stuk (het)	stycke (ett)	['stʏkə]
afmeting (de)	storlek (en)	['stʊːlʲek]
schaal (bijv. ~ van 1 op 50)	skala (en)	['skalʲa]
minimaal (bn)	minimal	[mini'malʲ]
minste (bn)	minst	['minst]
medium (bn)	medel	['medəlʲ]
maximaal (bn)	maximal	[maksi'malʲ]
grootste (bn)	störst	['støːʂt]

12. Containers

glazen pot (de)	glasburk (en)	['glʲasˌburk]
blik (conserven~)	burk (en)	['burk]
emmer (de)	hink (en)	['hiŋk]
ton (bijv. regenton)	tunna (en)	['tuna]
ronde waterbak (de)	tvättfat (ett)	['tvætˌfat]

tank (bijv. watertank-70-ltr)	tank (en)	['taŋk]
heupfles (de)	plunta, fickflaska (en)	['plʉnta], ['fikˌflʲaska]
jerrycan (de)	dunk (en)	['duːŋk]
tank (bijv. ketelwagen)	tank (en)	['taŋk]
beker (de)	mugg (en)	['mug]
kopje (het)	kopp (en)	['kop]
schoteltje (het)	tefat (ett)	['teˌfat]
glas (het)	glas (ett)	['glʲas]
wijnglas (het)	vinglas (ett)	['vinˌglʲas]
steelpan (de)	kastrull, gryta (en)	[ka'strulʲ], ['gryta]
fles (de)	flaska (en)	['flʲaska]
flessenhals (de)	flaskhals (en)	['flʲaskˌhalʲs]
karaf (de)	karaff (en)	[ka'raf]
kruik (de)	kanna (en) med handtag	['kana me 'hanˌtag]
vat (het)	behållare (en)	[be'hoː[ʲarə]
pot (de)	kruka (en)	['krʉka]
vaas (de)	vas (en)	['vas]
flacon (de)	flakong (en)	[flʲa'kɔŋ]
flesje (het)	flaska (en)	['flʲaska]
tube (bijv. ~ tandpasta)	tub (en)	['tʉːb]
zak (bijv. ~ aardappelen)	säck (en)	['sɛk]
tasje (het)	påse (en)	['poːsə]
pakje (~ sigaretten, enz.)	paket (ett)	[pa'ket]
doos (de)	ask (en)	['ask]
kist (de)	låda (en)	['lʲoːda]
mand (de)	korg (en)	['kɔrj]

BELANGRIJKSTE WERKWOORDEN

13. De belangrijkste werkwoorden. Deel 1

aanbevelen (ww)	att rekommendera	[at rekɔmən'dera]
aandringen (ww)	att insistera	[at insi'stera]
aankomen (per auto, enz.)	att ankomma	[at 'aŋˌkɔma]
aanraken (ww)	att röra	[at 'rø:ra]
adviseren (ww)	att råda	[at 'ro:da]

afdalen (on.ww.)	att gå ned	[at 'go: ˌned]
afslaan (naar rechts ~)	att svänga	[at 'svɛŋa]
antwoorden (ww)	att svara	[at 'svara]
bang zijn (ww)	att frukta	[at 'frʉkta]
bedreigen (bijv. met een pistool)	att hota	[at 'hʊta]

bedriegen (ww)	att fuska	[at 'fʉska]
beëindigen (ww)	att sluta	[at 'slʉ:ta]
beginnen (ww)	att begynna	[at be'jina]
begrijpen (ww)	att förstå	[at fœ:'ʂto:]
beheren (managen)	att styra, att leda	[at 'styra], [at 'lʲeda]

beledigen (met scheldwoorden)	att förolämpa	[at 'førʊˌlʲɛmpa]
beloven (ww)	att lova	[at 'lʲova]
bereiden (koken)	att laga	[at 'lʲaga]
bespreken (spreken over)	att diskutera	[at diskʉ'tera]

bestellen (eten ~)	att beställa	[at be'stɛlʲa]
bestraffen (een stout kind ~)	att straffa	[at 'strafa]
betalen (ww)	att betala	[at be'talʲa]
betekenen (beduiden)	att betyda	[at be'tyda]
betreuren (ww)	att beklaga	[at be'klʲaga]

bevallen (prettig vinden)	att gilla	[at 'jilʲa]
bevelen (mil.)	att beordra	[at be'o:dra]
bevrijden (stad, enz.)	att befria	[at be'fria]
bewaren (ww)	att behålla	[at be'ho:lʲa]
bezitten (ww)	att besitta, att äga	[at be'sita], [at 'ɛ:ga]

bidden (praten met God)	att be	[at 'be:]
binnengaan (een kamer ~)	att komma in	[at 'kɔma 'in]
breken (ww)	att bryta	[at 'bryta]
controleren (ww)	att kontrollera	[at kɔntrɔ'lʲera]
creëren (ww)	att skapa	[at 'skapa]

deelnemen (ww)	att delta	[at 'dɛlʲta]
denken (ww)	att tänka	[at 'tɛŋka]
doden (ww)	att döda, att mörda	[at 'dø:da], [at 'mø:ɖa]

| doen (ww) | att göra | [at 'jø:ra] |
| dorst hebben (ww) | att vara törstig | [at 'vara 'tø:ʂtig] |

14. De belangrijkste werkwoorden. Deel 2

een hint geven	att ge en vink	[at je: en 'viŋk]
eisen (met klem vragen)	att kräva	[at 'krɛ:va]
excuseren (vergeven)	att ursäkta	[at 'ɵ:ˌʂɛkta]
existeren (bestaan)	att existera	[at ɛksi'stera]
gaan (te voet)	att gå	[at 'go:]

gaan zitten (ww)	att sätta sig	[at 'sæta sɛj]
gaan zwemmen	att bada	[at 'bada]
geven (ww)	att ge	[at je:]
glimlachen (ww)	att småle	[at 'smo:lʲe]
goed raden (ww)	att gissa	[at 'jisa]

grappen maken (ww)	att skämta, att skoja	[at 'ɧɛmta], [at 'skɔja]
graven (ww)	att gräva	[at 'grɛ:va]
hebben (ww)	att ha	[at 'ha]
helpen (ww)	att hjälpa	[at 'jɛlʲpa]
herhalen (opnieuw zeggen)	att upprepa	[at 'uprepa]
honger hebben (ww)	att vara hungrig	[at 'vara 'huŋrig]

hopen (ww)	att hoppas	[at 'hɔpas]
horen (waarnemen met het oor)	att höra	[at 'hø:ra]
huilen (wenen)	att gråta	[at 'gro:ta]
huren (huis, kamer)	att hyra	[at 'hyra]
informeren (informatie geven)	att informera	[at infor'mera]
instemmen (akkoord gaan)	att samtycka	[at 'samˌtʏka]
jagen (ww)	att jaga	[at 'jaga]
kennen (kennis hebben van iemand)	att känna	[at 'ɕɛna]
kiezen (ww)	att välja	[at 'vɛlja]
klagen (ww)	att klaga	[at 'klʲaga]

kosten (ww)	att kosta	[at 'kɔsta]
kunnen (ww)	att kunna	[at 'kuna]
lachen (ww)	att skratta	[at 'skrata]
laten vallen (ww)	att tappa	[at 'tapa]
lezen (ww)	att läsa	[at 'lʲɛ:sa]

liefhebben (ww)	att älska	[at 'ɛlʲska]
lunchen (ww)	att äta lunch	[at 'ɛ:ta ˌlɵnɕ]
nemen (ww)	att ta	[at ta]
nodig zijn (ww)	att vara behövd	[at 'vara be'hø:vd]

15. De belangrijkste werkwoorden. Deel 3

| onderschatten (ww) | att underskatta | [at 'undəˌʂkata] |
| ondertekenen (ww) | att underteckna | [at 'undəˌtɛkna] |

ontbijten (ww)	att äta frukost	[at 'ɛːta 'frʉːkɔst]
openen (ww)	att öppna	[at 'øpna]
ophouden (ww)	att sluta	[at 'slʉːta]
opmerken (zien)	att märka	[at 'mæːrka]
opscheppen (ww)	att skryta	[at 'skryta]
opschrijven (ww)	att skriva ner	[at 'skriva ner]
plannen (ww)	att planera	[at plʲa'nera]
prefereren (verkiezen)	att föredra	[at 'førədra]
proberen (trachten)	att pröva	[at 'prøːva]
redden (ww)	att rädda	[at 'rɛda]
rekenen op ...	att räkna med ...	[at 'rɛkna me ...]
rennen (ww)	att löpa, att springa	[at 'lʲøːpa], [at 'spriŋa]
reserveren (een hotelkamer ~)	att reservera	[at resɛr'vera]
roepen (om hulp)	att tillkalla	[at 'tilʲˌkalʲa]
schieten (ww)	att skjuta	[at 'ɧʉːta]
schreeuwen (ww)	att skrika	[at 'skrika]
schrijven (ww)	att skriva	[at 'skriva]
souperen (ww)	att äta kvällsmat	[at 'ɛːta 'kvɛlʲsˌmat]
spelen (kinderen)	att leka	[at 'lʲeka]
spreken (ww)	att tala	[at 'talʲa]
stelen (ww)	att stjäla	[at 'ɧɛːlʲa]
stoppen (pauzeren)	att stanna	[at 'stana]
studeren (Nederlands ~)	att studera	[at stu'dera]
sturen (zenden)	att skicka	[at 'ɧika]
tellen (optellen)	att räkna	[at 'rɛkna]
toebehoren ...	att tillhöra ...	[at 'tilʲˌhøːra ...]
toestaan (ww)	att tillåta	[at 'tilʲoːta]
tonen (ww)	att visa	[at 'visa]
twijfelen (onzeker zijn)	att tvivla	[at 'tvivlʲa]
uitgaan (ww)	att gå ut	[at 'goː ʉt]
uitnodigen (ww)	att inbjuda, att invitera	[at in'bjʉːda], [at invi'tera]
uitspreken (ww)	att uttala	[at 'ʉtˌtalʲa]
uitvaren tegen (ww)	att skälla	[at 'ɧɛlʲa]

16. De belangrijkste werkwoorden. Deel 4

vallen (ww)	att falla	[at 'falʲa]
vangen (ww)	att fånga	[at 'foŋa]
veranderen (anders maken)	att ändra	[at 'ɛndra]
verbaasd zijn (ww)	att bli förvånad	[at bli før'voːnad]
verbergen (ww)	att gömma	[at 'jœma]
verdedigen (je land ~)	att försvara	[at fœːˈʂvara]
verenigen (ww)	att förena	[at 'førena]
vergelijken (ww)	att jämföra	[at 'jɛmˌføra]
vergeten (ww)	att glömma	[at 'glʲœma]
vergeven (ww)	att förlåta	[at 'fœːˌlʲoːta]
verklaren (uitleggen)	att förklara	[at før'klʲara]

verkopen (per stuk ~)	att sälja	[at 'sɛlja]
vermelden (praten over)	att omnämna	[at 'ɔmˌnɛmna]
versieren (decoreren)	att pryda	[at 'pryda]
vertalen (ww)	att översätta	[at 'øːveˌsæta]

vertrouwen (ww)	att lita på	[at 'lita pɔ]
vervolgen (ww)	att fortsätta	[at 'fʊtˌsæta]
verwarren (met elkaar ~)	att förväxla	[at før'vɛkslʲa]
verzoeken (ww)	att be	[at 'beː]
verzuimen (school, enz.)	att missa	[at 'misa]

vinden (ww)	att finna	[at 'fina]
vliegen (ww)	att flyga	[at 'flʲyga]
volgen (ww)	att följa efter ...	[at 'følja 'ɛftər ...]
voorstellen (ww)	att föreslå	[at 'føreˌslʲoː]
voorzien (verwachten)	att förutse	[at 'førʉtˌse]
vragen (ww)	att fråga	[at 'froːga]

waarnemen (ww)	att observera	[at ɔbsɛr'vera]
waarschuwen (ww)	att varna	[at 'vaːɳa]
wachten (ww)	att vänta	[at 'vɛnta]
weerspreken (ww)	att invända	[at 'inˌvɛnda]
weigeren (ww)	att vägra	[at 'vɛgra]

werken (ww)	att arbeta	[at 'arˌbeta]
weten (ww)	att veta	[at 'veta]
willen (verlangen)	att vilja	[at 'vilja]
zeggen (ww)	att säga	[at 'sɛːja]
zich haasten (ww)	att skynda sig	[at 'ɧynda sɛj]

zich interesseren voor ...	att intressera sig	[at intrɛ'sera sɛj]
zich vergissen (ww)	att göra fel	[at 'jøːra ˌfelʲ]
zich verontschuldigen	att ursäkta sig	[at 'ʉːˌsɛkta sɛj]
zien (ww)	att se	[at 'seː]

zijn (ww)	att vara	[at 'vara]
zoeken (ww)	att söka ...	[at 'søːka ...]
zwemmen (ww)	att simma	[at 'sima]
zwijgen (ww)	att tiga	[at 'tiga]

TIJD. KALENDER

17. Dagen van de week

maandag (de)	måndag (en)	['mɔn‚dag]
dinsdag (de)	tisdag (en)	['tis‚dag]
woensdag (de)	onsdag (en)	['ʊns‚dag]
donderdag (de)	torsdag (en)	['tuːʂ‚dag]
vrijdag (de)	fredag (en)	['fre‚dag]
zaterdag (de)	lördag (en)	['lʲøː‚dag]
zondag (de)	söndag (en)	['sœn‚dag]
vandaag (bw)	i dag	[i 'dag]
morgen (bw)	i morgon	[i 'mɔrgɔn]
overmorgen (bw)	i övermorgon	[i 'øːve‚mɔrgɔn]
gisteren (bw)	i går	[i 'goːr]
eergisteren (bw)	i förrgår	[i 'fœːr‚goːr]
dag (de)	dag (en)	['dag]
werkdag (de)	arbetsdag (en)	['arbets‚dag]
feestdag (de)	helgdag (en)	['hɛlj‚dag]
verlofdag (de)	ledig dag (en)	['lʲedig ‚dag]
weekend (het)	helg, veckohelg (en)	[hɛlj], ['vɛkɔ‚hɛlj]
de hele dag (bw)	hela dagen	['helʲa 'dagən]
de volgende dag (bw)	nästa dag	['nɛsta ‚dag]
twee dagen geleden	för två dagar sedan	[før ‚tvoː 'dagar 'sedan]
aan de vooravond (bw)	dagen innan	['dagən 'inan]
dag-, dagelijks (bn)	daglig	['daglig]
elke dag (bw)	varje dag	['varje dag]
week (de)	vecka (en)	['vɛka]
vorige week (bw)	förra veckan	['fœːra 'vɛkan]
volgende week (bw)	i nästa vecka	[i 'nɛsta 'vɛka]
wekelijks (bn)	vecko-	['vɛkɔ-]
elke week (bw)	varje vecka	['varje 'vɛka]
twee keer per week	två gånger i veckan	[tvoː 'gɔŋar i 'vɛkan]
elke dinsdag	varje tisdag	['varje ‚tisdag]

18. Uren. Dag en nacht

morgen (de)	morgon (en)	['mɔrgɔn]
's morgens (bw)	på morgonen	[pɔ 'mɔrgɔnən]
middag (de)	middag (en)	['mid‚dag]
's middags (bw)	på eftermiddagen	[pɔ 'ɛfte‚midagən]
avond (de)	kväll (en)	[kvɛlʲ]
's avonds (bw)	på kvällen	[pɔ 'kvɛlʲen]

nacht (de)	natt (en)	['nat]
's nachts (bw)	om natten	[ɔm 'natən]
middernacht (de)	midnatt (en)	['mid‚nat]

seconde (de)	sekund (en)	[se'kund]
minuut (de)	minut (en)	[mi'nʉːt]
uur (het)	timme (en)	['timə]
halfuur (het)	halvtimme (en)	['halʲv‚timə]
kwartier (het)	kvart (en)	['kvaːt]
vijftien minuten	femton minuter	['fɛmtɔn mi'nʉːtər]
etmaal (het)	dygn (ett)	['dʏgn]

zonsopgang (de)	soluppgång (en)	['sʊlʲ ‚up'gɔŋ]
dageraad (de)	gryning (en)	['gryniŋ]
vroege morgen (de)	tidig morgon (en)	['tidig 'mɔrgɔn]
zonsondergang (de)	solnedgång (en)	['sʊlʲ 'ned‚gɔŋ]

's morgens vroeg (bw)	tidigt på morgonen	['tidit pɔ 'mɔrgɔnən]
vanmorgen (bw)	i morse	[i 'mɔːʂə]
morgenochtend (bw)	i morgon bitti	[i 'mɔrgɔn 'biti]

vanmiddag (bw)	i eftermiddag	[i 'ɛftə‚midag]
's middags (bw)	på eftermiddagen	[pɔ 'ɛftə‚midagən]
morgenmiddag (bw)	i morgon eftermiddag	[i 'mɔrgɔn 'ɛftə‚midag]

| vanavond (bw) | i kväll | [i 'kvɛlʲ] |
| morgenavond (bw) | i morgon kväll | [i 'mɔrgɔn 'kvɛlʲ] |

klokslag drie uur	precis klockan tre	[prɛ'sis 'klʲɔkan treː]
ongeveer vier uur	vid fyratiden	[vid 'fyra‚tidən]
tegen twaalf uur	vid klockan tolv	[vid 'klʲɔkan 'tɔlʲv]

over twintig minuten	om tjugo minuter	[ɔm 'ɕʉgɔ mi'nʉːtər]
over een uur	om en timme	[ɔm en 'timə]
op tijd (bw)	i tid	[i 'tid]

kwart voor ...	kvart i ...	['kvaːt i ...]
binnen een uur	inom en timme	['inɔm en 'timə]
elk kwartier	varje kvart	['varjə kvaːt]
de klok rond	dygnet runt	['dʏŋnet ‚runt]

19. Maanden. Seizoenen

januari (de)	januari	['janu‚ari]
februari (de)	februari	[fɛbrʉ'ari]
maart (de)	mars	['maːʂ]
april (de)	april	[a'prilʲ]
mei (de)	maj	['maj]
juni (de)	juni	['juːni]

juli (de)	juli	['juːli]
augustus (de)	augusti	[au'gusti]
september (de)	september	[sɛp'tɛmbər]
oktober (de)	oktober	[ɔk'tʊbər]

november (de)	november	[nɔ'vɛmbər]
december (de)	december	[de'sɛmbər]
lente (de)	vår (en)	['vo:r]
in de lente (bw)	på våren	[pɔ 'vo:rən]
lente- (abn)	vår-	['vo:r-]
zomer (de)	sommar (en)	['sɔmar]
in de zomer (bw)	på sommaren	[pɔ 'sɔmarən]
zomer-, zomers (bn)	sommar-	['sɔmar-]
herfst (de)	höst (en)	['høst]
in de herfst (bw)	på hösten	[pɔ 'høstən]
herfst- (abn)	höst-	['høst-]
winter (de)	vinter (en)	['vintər]
in de winter (bw)	på vintern	[pɔ 'vintərn]
winter- (abn)	vinter-	['vintər-]
maand (de)	månad (en)	['mo:nad]
deze maand (bw)	den här månaden	[dɛn hæ:r 'mo:nadən]
volgende maand (bw)	nästa månad	['nɛsta 'mo:nad]
vorige maand (bw)	förra månaden	['fœ:ra 'mo:nadən]
een maand geleden (bw)	för en månad sedan	['før en 'mo:nad 'sedan]
over een maand (bw)	om en månad	[ɔm en 'mo:nad]
over twee maanden (bw)	om två månader	[ɔm tvo: 'mo:nadər]
de hele maand (bw)	en hel månad	[en helʲ 'mo:nad]
een volle maand (bw)	hela månaden	['helʲa 'mo:nadən]
maand-, maandelijks (bn)	månatlig	[mo'natlig]
maandelijks (bw)	månatligen	[mo'natligən]
elke maand (bw)	varje månad	['varjə ˌmo:nad]
twee keer per maand	två gånger i månaden	[tvo: 'gɔŋər i 'mɔ:nadən]
jaar (het)	år (ett)	['o:r]
dit jaar (bw)	i år	[i 'o:r]
volgend jaar (bw)	nästa år	['nɛsta ˌo:r]
vorig jaar (bw)	i fjol, förra året	[i 'fjʊlʲ], ['fœ:ra 'o:ret]
een jaar geleden (bw)	för ett år sedan	['før et 'o:r 'sedan]
over een jaar	om ett år	[ɔm et 'o:r]
over twee jaar	om två år	[ɔm tvo 'o:r]
het hele jaar	ett helt år	[ɛt helʲt 'o:r]
een vol jaar	hela året	['helʲa 'o:ret]
elk jaar	varje år	['varjə 'o:r]
jaar-, jaarlijks (bn)	årlig	['o:lʲig]
jaarlijks (bw)	årligen	['o:lʲigən]
4 keer per jaar	fyra gånger om året	['fyra 'gɔŋər ɔm 'o:ret]
datum (de)	datum (ett)	['datum]
datum (de)	datum (ett)	['datum]
kalender (de)	almanacka (en)	['alʲmanaka]
een half jaar	halvår (ett)	['halʲvˌo:r]
zes maanden	halvår (ett)	['halʲvˌo:r]

seizoen (bijv. lente, zomer)	**årstid (en)**	[ˈoːʂˌtid]
eeuw (de)	**sekel (ett)**	[ˈsekəlʲ]

REIZEN. HOTEL

20. Trip. Reizen

toerisme (het)	turism (en)	[tu'rism]
toerist (de)	turist (en)	[tu'rist]
reis (de)	resa (en)	['resa]
avontuur (het)	äventyr (ett)	['ɛːvɛnˌtyr]
tocht (de)	tripp (en)	['trip]
vakantie (de)	semester (en)	[se'mɛstər]
met vakantie zijn	att ha semester	[at ha se'mɛstər]
rust (de)	uppehåll (ett), vila (en)	['upə'hoːlʲ], ['vilʲa]
trein (de)	tåg (ett)	['toːg]
met de trein	med tåg	[me 'toːg]
vliegtuig (het)	flygplan (ett)	['flʲygplʲan]
met het vliegtuig	med flygplan	[me 'flʲygplʲan]
met de auto	med bil	[me 'bilʲ]
per schip (bw)	med båt	[me 'boːt]
bagage (de)	bagage (ett)	[ba'gaːʃ]
valies (de)	resväska (en)	['rɛsˌvɛska]
bagagekarretje (het)	bagagevagn (en)	[ba'gaːʃ ˌvagn]
paspoort (het)	pass (ett)	['pas]
visum (het)	visum (ett)	['viːsum]
kaartje (het)	biljett (en)	[bi'lʲet]
vliegticket (het)	flygbiljett (en)	['flʲyg biˌlʲet]
reisgids (de)	reseguidebok (en)	['reseˌgajdbʊk]
kaart (de)	karta (en)	['kaːʈa]
gebied (landelijk ~)	område (ett)	['ɔmˌroːdə]
plaats (de)	plats (en)	['plʲats]
exotische bestemming (de)	(det) exotiska	[ɛ'ksɔtiska]
exotisch (bn)	exotisk	[ɛk'sɔtisk]
verwonderlijk (bn)	förunderlig	[fø'rundelig]
groep (de)	grupp (en)	['grup]
rondleiding (de)	utflykt (en)	['ʉtˌflʲykt]
gids (de)	guide (en)	['gajd]

21. Hotel

hotel (het)	hotell (ett)	[hʊ'tɛlʲ]
motel (het)	motell (ett)	[mʊ'tɛlʲ]
3-sterren	trestjärnigt	['treˌɧæːɳit]

5-sterren	femstjärnigt	[fɛmˌɧæːɳit]
overnachten (ww)	att bo	[at 'buː]

kamer (de)	rum (ett)	['ruːm]
eenpersoonskamer (de)	enkelrum (ett)	['ɛŋkəlʲˌruːm]
tweepersoonskamer (de)	dubbelrum (ett)	['dubəlʲˌruːm]
een kamer reserveren	att boka rum	[at 'buka 'ruːm]

halfpension (het)	halvpension (en)	['halʲvˌpan'ɧʊn]
volpension (het)	helpension (en)	['helʲˌpan'ɧʊn]

met badkamer	med badkar	[me 'badˌkar]
met douche	med dusch	[me 'duʃ]
satelliet-tv (de)	satellit-TV (en)	[satɛ'liːt 'teve]
airconditioner (de)	luftkonditionerare (en)	['lʉftˌkɔndiɧʊ'nerarə]
handdoek (de)	handduk (en)	['handˌdʉːk]
sleutel (de)	nyckel (en)	['nʏkəlʲ]

administrateur (de)	administratör (en)	[administra'tør]
kamermeisje (het)	städerska (en)	['stɛːdɛʂka]
piccolo (de)	bärare (en)	['bæːrarə]
portier (de)	portier (en)	[pɔ:'tʲeː]

restaurant (het)	restaurang (en)	[rɛstɔ'raŋ]
bar (de)	bar (en)	['bar]
ontbijt (het)	frukost (en)	['frʉːkɔst]
avondeten (het)	kvällsmat (en)	['kvɛlʲsˌmat]
buffet (het)	buffet (en)	[bu'fet]

hal (de)	lobby (en)	['lʲɔbi]
lift (de)	hiss (en)	['his]

NIET STOREN	STÖR EJ!	['støːr ɛj]
VERBODEN TE ROKEN!	RÖKNING FÖRBJUDEN	['rœkniŋ før'bjʉːdən]

22. Bezienswaardigheden

monument (het)	monument (ett)	[mɔnu'mɛnt]
vesting (de)	fästning (en)	['fɛstniŋ]
paleis (het)	palats (ett)	[pa'lʲats]
kasteel (het)	borg (en)	['bɔrj]
toren (de)	torn (ett)	['tʊːɳ]
mausoleum (het)	mausoleum (ett)	[maʊsʊ'lʲeum]

architectuur (de)	arkitektur (en)	[arkitɛk'tʉːr]
middeleeuws (bn)	medeltida	['medəlʲˌtida]
oud (bn)	gammal	['gamalʲ]
nationaal (bn)	nationell	[natɧʊ'nɛlʲ]
bekend (bn)	berömd	[be'rœmd]

toerist (de)	turist (en)	[tu'rist]
gids (de)	guide (en)	['gajd]
rondleiding (de)	utflykt (en)	['ʉtˌflʲykt]
tonen (ww)	att visa	[at 'visa]

vertellen (ww)	**att berätta**	[at be'ræta]
vinden (ww)	**att hitta**	[at 'hita]
verdwalen (de weg kwijt zijn)	**att gå vilse**	[at 'go: 'vilʲsə]
plattegrond (~ van de metro)	**karta (en)**	['ka:ṭa]
plattegrond (~ van de stad)	**karta (en)**	['ka:ṭa]
souvenir (het)	**souvenir (en)**	[suvɛ'ni:r]
souvenirwinkel (de)	**souvenirbutik (en)**	[suvɛ'ni:r bu'tik]
een foto maken (ww)	**att fotografera**	[at futʊgra'fera]
zich laten fotograferen	**att bli fotograferad**	[at bli futʊgra'ferad]

VERVOER

23. Vliegveld

luchthaven (de)	flygplats (en)	['flʲyg‚plʲats]
vliegtuig (het)	flygplan (ett)	['flʲygplʲan]
luchtvaartmaatschappij (de)	flygbolag (ett)	['flʲyg‚bʊlʲag]
luchtverkeersleider (de)	flygledare (en)	['flʲyg‚lʲedarə]
vertrek (het)	avgång (en)	['av‚gɔŋ]
aankomst (de)	ankomst (en)	['aŋ‚kɔmst]
aankomen (per vliegtuig)	att ankomma	[at 'aŋ‚kɔma]
vertrektijd (de)	avgångstid (en)	['avgɔŋs‚tid]
aankomstuur (het)	ankomsttid (en)	['aŋkɔmst‚tid]
vertraagd zijn (ww)	att bli försenad	[at bli fœː'ʂɛnad]
vluchtvertraging (de)	avgångsförsening (en)	['avgɔŋs‚fœː'ʂɛniŋ]
informatiebord (het)	informationstavla (en)	[infɔrma'ʂʊns‚tavlʲa]
informatie (de)	information (en)	[infɔrma'ʂʊn]
aankondigen (ww)	att meddela	[at 'me‚delʲa]
vlucht (bijv. KLM ~)	flyg (ett)	['flʲyg]
douane (de)	tull (en)	['tulʲ]
douanier (de)	tulltjänsteman (en)	['tulʲ 'ɕɛnstə‚man]
douaneaangifte (de)	tulldeklaration (en)	['tulʲ‚dɛklʲara'ʂʊn]
invullen (douaneaangifte ~)	att fylla i	[at 'fylʲa 'i]
een douaneaangifte invullen	att fylla i en tulldeklaration	[at 'fylʲa i en 'tulʲ‚dɛklʲara'ʂʊn]
paspoortcontrole (de)	passkontroll (en)	['paskɔn‚trolʲ]
bagage (de)	bagage (ett)	[ba'gaːʃ]
handbagage (de)	handbagage (ett)	['hand ba‚gaːʃ]
bagagekarretje (het)	bagagevagn (en)	[ba'gaːʃ ‚vagn]
landing (de)	landning (en)	['lʲandniŋ]
landingsbaan (de)	landningsbana (en)	['lʲandniŋs‚bana]
landen (ww)	att landa	[at 'lʲanda]
vliegtuigtrap (de)	trappa (en)	['trapa]
inchecken (het)	incheckning (en)	['in‚ɕɛkniŋ]
incheckbalie (de)	incheckningsdisk (en)	['in‚ɕɛkniŋs 'disk]
inchecken (ww)	att checka in	[at 'ɕɛka in]
instapkaart (de)	boardingkort (ett)	['bɔːdiŋ‚kɔːt]
gate (de)	gate (en)	['gejt]
transit (de)	transit (en)	['transit]
wachten (ww)	att vänta	[at 'vɛnta]
wachtzaal (de)	väntsal (en)	['vɛnt‚salʲ]

begeleiden (uitwuiven)	att vinka av	[at 'viŋka av]
afscheid nemen (ww)	att säga adjö	[at 'sɛ:ja a'jø:]

24. Vliegtuig

vliegtuig (het)	flygplan (ett)	['flʲygplʲan]
vliegticket (het)	flygbiljett (en)	['flʲyg bi‚lʲet]
luchtvaartmaatschappij (de)	flygbolag (ett)	['flʲyg‚bulʲag]
luchthaven (de)	flygplats (en)	['flʲyg‚plʲats]
supersonisch (bn)	överljuds-	['ø:vərˌjʉ:ds-]
gezagvoerder (de)	kapten (en)	[kap'ten]
bemanning (de)	besättning (en)	[be'sætniŋ]
piloot (de)	pilot (en)	[pi'lʲʉt]
stewardess (de)	flygvärdinna (en)	['flʲyg‚væ:dina]
stuurman (de)	styrman (en)	['styrˌman]
vleugels (mv.)	vingar (pl)	['viŋar]
staart (de)	stjärtfena (en)	['ɧæ:t fe:na]
cabine (de)	cockpit, förarkabin (en)	['kɔkpit], ['fø:rarˌka'bin]
motor (de)	motor (en)	['mʊtʊr]
landingsgestel (het)	landningsställ (ett)	['landniŋsˌstɛlʲ]
turbine (de)	turbin (en)	[tur'bin]
propeller (de)	propeller (en)	[prʊ'pɛlʲer]
zwarte doos (de)	svart låda (en)	['sva:t 'lʲo:da]
stuur (het)	styrspak (ett)	['sty:ˌspak]
brandstof (de)	bränsle (ett)	['brɛnslʲe]
veiligheidskaart (de)	säkerhetsinstruktion (en)	['sɛ:kərhets instruk'ɧun]
zuurstofmasker (het)	syremask (en)	['syreˌmask]
uniform (het)	uniform (en)	[uni'fɔrm]
reddingsvest (de)	räddningsväst (en)	['rɛdniŋˌvɛst]
parachute (de)	fallskärm (en)	['falʲˌɧæ:rm]
opstijgen (het)	start (en)	['sta:t]
opstijgen (ww)	att lyfta	[at 'lʲyfta]
startbaan (de)	startbana (en)	['sta:tˌba:na]
zicht (het)	siktbarhet (en)	['siktbarˌhet]
vlucht (de)	flygning (en)	['flʲygniŋ]
hoogte (de)	höjd (en)	['hœjd]
luchtzak (de)	luftgrop (en)	['lʉftˌgrʊp]
plaats (de)	plats (en)	['plʲats]
koptelefoon (de)	hörlurar (pl)	['hœ:ˌlʲʉ:rar]
tafeltje (het)	utfällbart bord (ett)	['ʉtfɛlʲˌbart 'bu:d]
venster (het)	fönster (ett)	['fœnstər]
gangpad (het)	mittgång (en)	['mitˌgɔŋ]

25. Trein

trein (de)	tåg (ett)	['to:g]
elektrische trein (de)	lokaltåg, pendeltåg (ett)	[lʲɔ'kalʲˌto:g], ['pendəlˌto:g],

sneltrein (de)	expresståg (ett)	[ɛks'prɛsˌtoːg]
diesellocomotief (de)	diesellokomotiv (ett)	['disəlʲ lʲɔkɔmɔ'tiv]
locomotief (de)	ånglokomotiv (en)	['ɔŋˌlʲɔkɔmɔ'tiv]
rijtuig (het)	vagn (en)	['vagn]
restauratierijtuig (het)	restaurangvagn (en)	[rɛstɔ'raŋˌvagn]
rails (mv.)	räls, rälsar (pl)	['rɛlʲs], ['rɛlʲsar]
spoorweg (de)	järnväg (en)	['jæːnˌvɛːg]
dwarsligger (de)	sliper (en)	['slipər]
perron (het)	perrong (en)	[pɛ'rɔŋ]
spoor (het)	spår (ett)	['spoːr]
semafoor (de)	semafor (en)	[sema'fɔr]
halte (bijv. kleine treinhalte)	station (en)	[sta'fjʉn]
machinist (de)	lokförare (en)	['lʲʉkˌføːrarə]
kruier (de)	bärare (en)	['bæːrarə]
conducteur (de)	tågvärd (en)	['toːgˌvæːd]
passagier (de)	passagerare (en)	[pasa'ɧerarə]
controleur (de)	kontrollant (en)	[kɔntrɔ'lʲant]
gang (in een trein)	korridor (en)	[kori'doːr]
noodrem (de)	nödbroms (en)	['nøːdˌbrɔms]
coupé (de)	kupé (en)	[kʉ'peː]
bed (slaapplaats)	slaf, säng (en)	['slaf], ['sɛŋ]
bovenste bed (het)	överslaf (en)	['øvəˌslaf]
onderste bed (het)	underslaf (en)	['undəˌslaf]
beddengoed (het)	sängkläder (pl)	['sɛŋˌklʲɛːdər]
kaartje (het)	biljett (en)	[bi'lʲet]
dienstregeling (de)	tidtabell (en)	['tid ta'bɛlʲ]
informatiebord (het)	informationstavla (en)	[informa'ɧʉnsˌtavlʲa]
vertrekken (De trein vertrekt ...)	att avgå	[at 'avˌgoː]
vertrek (ov. een trein)	avgång (en)	['avˌgɔŋ]
aankomen (ov. de treinen)	att ankomma	[at 'aŋˌkɔma]
aankomst (de)	ankomst (en)	['aŋˌkɔmst]
aankomen per trein	att ankomma med tåget	[at 'aŋˌkɔma me 'toːgət]
in de trein stappen	att stiga på tåget	[at 'stiga pɔ 'toːgət]
uit de trein stappen	att stiga av tåget	[at 'stiga av 'toːgət]
treinwrak (het)	tågolycka (en)	['toːg ʊː'lʲyka]
ontspoord zijn	att spåra ur	[at 'spoːra ɵːr]
locomotief (de)	ånglokomotiv (en)	['ɔŋˌlʲɔkɔmɔ'tiv]
stoker (de)	eldare (en)	['ɛlʲdarə]
stookplaats (de)	eldstad (en)	['ɛlʲdˌstad]
steenkool (de)	kol (ett)	['kɔlʲ]

26. Schip

schip (het)	skepp (ett)	['ɧɛp]
vaartuig (het)	fartyg (ett)	['faːˌtyg]

Nederlands	Zweeds	Uitspraak
stoomboot (de)	ångbåt (en)	['ɔŋˌbo:t]
motorschip (het)	flodbåt (en)	['flʲʊdˌbo:t]
lijnschip (het)	kryssningfartyg (ett)	['krysnɪŋˌfa:'tyg]
kruiser (de)	kryssare (en)	['krʏsarə]
jacht (het)	jakt (en)	['jakt]
sleepboot (de)	bogserbåt (en)	['bʊksɛ:rˌbo:t]
duwbak (de)	pråm (en)	['pro:m]
ferryboot (de)	färja (en)	['fæ:rja]
zeilboot (de)	segelbåt (en)	['segəlʲˌbo:t]
brigantijn (de)	brigantin (en)	[brigan'tin]
IJsbreker (de)	isbrytare (en)	['isˌbrytarə]
duikboot (de)	ubåt (en)	[ʉ:'bo:t]
boot (de)	båt (en)	['bo:t]
sloep (de)	jolle (en)	['jɔlʲe]
reddingssloep (de)	livbåt (en)	['livˌbo:t]
motorboot (de)	motorbåt (en)	['mʊtʊrˌbo:t]
kapitein (de)	kapten (en)	[kap'ten]
zeeman (de)	matros (en)	[ma'trʊs]
matroos (de)	sjöman (en)	['ɧø:ˌman]
bemanning (de)	besättning (en)	[be'sætnɪŋ]
bootsman (de)	båtsman (en)	['botsman]
scheepsjongen (de)	jungman (en)	['jʉŋˌman]
kok (de)	kock (en)	['kɔk]
scheepsarts (de)	skeppsläkare (en)	['ɧɛpˌlʲɛ:karə]
dek (het)	däck (ett)	['dɛk]
mast (de)	mast (en)	['mast]
zeil (het)	segel (ett)	['segəlʲ]
ruim (het)	lastrum (ett)	['lʲastˌru:m]
voorsteven (de)	bog (en)	['bʊg]
achtersteven (de)	akter (en)	['aktər]
roeispaan (de)	åra (en)	['o:ra]
schroef (de)	propeller (en)	[prʊ'pɛlʲər]
kajuit (de)	hytt (en)	['hʏt]
officierskamer (de)	officersmäss (en)	[ɔfi'se:rsˌmɛs]
machinekamer (de)	maskinrum (ett)	[ma'ɧi:nˌru:m]
brug (de)	kommandobrygga (en)	[kɔm'andʊˌbryga]
radiokamer (de)	radiohytt (en)	['radiʊˌhʏt]
radiogolf (de)	våg (en)	['vo:g]
logboek (het)	loggbok (en)	['lʲɔgˌbʊk]
verrekijker (de)	tubkikare (en)	['tʉbˌɕikarə]
klok (de)	klocka (en)	['klʲɔka]
vlag (de)	flagga (en)	['flʲaga]
kabel (de)	tross (en)	['trɔs]
knoop (de)	knop, knut (en)	['knʊp], ['knʉt]
trapleuning (de)	räcken (pl)	['rɛkən]

trap (de)	landgång (en)	['lʲandˌgɔŋ]
anker (het)	ankar (ett)	['aŋkar]
het anker lichten	att lätta ankar	[at 'lʲæta 'aŋkar]
het anker neerlaten	att kasta ankar	[at 'kasta 'aŋkar]
ankerketting (de)	ankarkätting (en)	['aŋkarˌɕætiŋ]
haven (bijv. containerhaven)	hamn (en)	['hamn]
kaai (de)	kaj (en)	['kaj]
aanleggen (ww)	att förtöja	[at fœːˈtɕœːja]
wegvaren (ww)	att kasta loss	[at 'kasta 'lʲɔs]
reis (de)	resa (en)	['resa]
cruise (de)	kryssning (en)	['krʏsniŋ]
koers (de)	kurs (en)	['kuːʂ]
route (de)	rutt (en)	['rut]
vaarwater (het)	farled, segelled (en)	['faːlʲed], ['segelˌled]
zandbank (de)	grund (ett)	['grʉnd]
stranden (ww)	att gå på grund	[at 'goː pɔ 'grʉnd]
storm (de)	storm (en)	['stɔrm]
signaal (het)	signal (en)	[sigˈnalʲ]
zinken (ov. een boot)	att sjunka	[at 'ɧuŋka]
Man overboord!	Man överbord!	['man 'øːvəˌbuːd]
SOS (noodsignaal)	SOS	[ɛsoˈɛs]
reddingsboei (de)	livboj (en)	['livˌbɔj]

STAD

27. Stedelijk vervoer

bus, autobus (de)	buss (en)	['bus]
tram (de)	spårvagn (en)	['spoːrˌvagn]
trolleybus (de)	trådbuss (en)	['troːdˌbus]
route (de)	rutt (en)	['rut]
nummer (busnummer, enz.)	nummer (ett)	['numər]

rijden met ...	att åka med ...	[at 'oːka me ...]
stappen (in de bus ~)	att stiga på ...	[at 'stiga pɔ ...]
afstappen (ww)	att stiga av ...	[at 'stiga 'av ...]

halte (de)	hållplats (en)	['hoːlʲˌplats]
volgende halte (de)	nästa hållplats (en)	['nɛsta 'hoːlʲˌplats]
eindpunt (het)	slutstation (en)	['slɵtˌstaˈʂʉn]
dienstregeling (de)	tidtabell (en)	['tid taˈbɛlʲ]
wachten (ww)	att vänta	[at 'vɛnta]

kaartje (het)	biljett (en)	[biˈlʲet]
reiskosten (de)	biljettpris (ett)	[biˈlʲetˌpris]

kassier (de)	kassör (en)	[kaˈsøːr]
kaartcontrole (de)	biljettkontroll (en)	[biˈlʲet kɔnˈtrolʲ]
controleur (de)	kontrollant (en)	[kɔntrɔˈlʲant]

te laat zijn (ww)	att komma för sent	[at 'kɔma før 'sɛnt]
missen (de bus ~)	att komma för sent till ...	[at 'kɔma før 'sɛnt tilʲ ...]
zich haasten (ww)	att skynda sig	[at 'ɧynda sɛj]

taxi (de)	taxi (en)	['taksi]
taxichauffeur (de)	taxichaufför (en)	['taksi ɧɔˈføːr]
met de taxi (bw)	med taxi	[me 'taksi]
taxistandplaats (de)	taxihållplats (en)	['taksi 'hoːlʲˌplʲats]
een taxi bestellen	att ringa efter taxi	[at 'riŋa ˌɛfte 'taksi]
een taxi nemen	att ta en taxi	[at ta en 'taksi]

verkeer (het)	trafik (en)	[traˈfik]
file (de)	trafikstopp (ett)	[traˈfikˌstɔp]
spitsuur (het)	rusningstid (en)	['rusniŋsˌtid]
parkeren (on.ww.)	att parkera	[at parˈkera]
parkeren (ov.ww.)	att parkera	[at parˈkera]
parking (de)	parkeringsplats (en)	[parˈkeriŋsˌplʲats]

metro (de)	tunnelbana (en)	['tunəlʲˌbana]
halte (bijv. kleine treinhalte)	station (en)	[staˈʂʉn]
de metro nemen	att ta tunnelbanan	[at ta 'tunəlʲˌbanan]
trein (de)	tåg (ett)	['toːg]
station (treinstation)	tågstation (en)	['toːgˌstaˈʂʉn]

28. Stad. Het leven in de stad

stad (de)	stad (en)	['stad]
hoofdstad (de)	huvudstad (en)	['hʉːvʉd‚stad]
dorp (het)	by (en)	['by]
plattegrond (de)	stadskarta (en)	['stads‚kaːʈa]
centrum (ov. een stad)	centrum (ett)	['sɛntrum]
voorstad (de)	förort (en)	['førˌʊːt]
voorstads- (abn)	förorts-	['førˌʊːʈs-]
randgemeente (de)	utkant (en)	['ʉt‚kant]
omgeving (de)	omgivningar (pl)	['ɔmjiːvniŋar]
blok (huizenblok)	kvarter (ett)	[kvaːˈʈər]
woonwijk (de)	bostadskvarter (ett)	['bʊstads‚kvaːˈʈər]
verkeer (het)	trafik (en)	[traˈfik]
verkeerslicht (het)	trafikljus (ett)	[traˈfikjʉːs]
openbaar vervoer (het)	offentlig transport (en)	[ɔˈfɛntli transˈpɔːt]
kruispunt (het)	korsning (en)	['kɔːʂniŋ]
zebrapad (oversteekplaats)	övergångsställe (ett)	['øːvərgɔŋsˌstɛlʲe]
onderdoorgang (de)	gångtunnel (en)	['gɔŋ‚tunəlʲ]
oversteken (de straat ~)	att gå över	[at 'goː: 'øːvər]
voetganger (de)	fotgängare (en)	['fʊtjenarə]
trottoir (het)	trottoar (en)	[trɔtʊˈar]
brug (de)	bro (en)	['brʊ]
dijk (de)	kaj (en)	['kaj]
fontein (de)	fontän (en)	[fɔnˈtɛn]
allee (de)	allé (en)	[aˈlʲeː]
park (het)	park (en)	['park]
boulevard (de)	boulevard (en)	[bʊlʲeˈvaːd]
plein (het)	torg (ett)	['tɔrj]
laan (de)	aveny (en)	[aveˈny]
straat (de)	gata (en)	['gata]
zijstraat (de)	sidogata (en)	['sidʊ‚gata]
doodlopende straat (de)	återvändsgränd (en)	['oːtərvɛns‚grɛnd]
huis (het)	hus (ett)	['hʉs]
gebouw (het)	byggnad (en)	['bygnad]
wolkenkrabber (de)	skyskrapa (en)	['ɧy‚skrapa]
gevel (de)	fasad (en)	[faˈsad]
dak (het)	tak (ett)	['tak]
venster (het)	fönster (ett)	['fœnstər]
boog (de)	båge (en)	['boːgə]
pilaar (de)	kolonn (en)	[kʊˈlʲɔn]
hoek (ov. een gebouw)	knut (en)	['knʉt]
vitrine (de)	skyltfönster (ett)	['ɧylʲt‚fœnstər]
gevelreclame (de)	skylt (en)	['ɧylʲt]
affiche (de/het)	affisch (en)	[aˈfiːʃ]
reclameposter (de)	reklamplakat (ett)	[rɛˈklʲamˌplʲaˈkat]

aanplakbord (het)	reklamskylt (en)	[rɛ'klʲam‚ɦylʲt]
vuilnis (de/het)	sopor, avfall (ett)	['sʊpʊr], ['avfalʲ]
vuilnisbak (de)	soptunna (en)	['sʊp‚tuna]
afval weggooien (ww)	att skräpa ner	[at 'skrɛːpa ner]
stortplaats (de)	soptipp (en)	['sʊp‚tip]
telefooncel (de)	telefonkiosk (en)	[telʲe'fɔn‚ɕøsk]
straatlicht (het)	lyktstolpe (en)	['lʲyk‚stɔlʲpə]
bank (de)	bänk (ett)	['bɛŋk]
politieagent (de)	polis (en)	[pʊ'lis]
politie (de)	polis (en)	[pʊ'lis]
zwerver (de)	tiggare (en)	['tigarə]
dakloze (de)	hemlös (ett)	['hɛmlʲøːs]

29. Stedelijke instellingen

winkel (de)	affär, butik (en)	[a'fæːr], [bu'tik]
apotheek (de)	apotek (ett)	[apʊ'tek]
optiek (de)	optiker (en)	['ɔptikər]
winkelcentrum (het)	köpcenter (ett)	['ɕøːp‚sɛntɛr]
supermarkt (de)	snabbköp (ett)	['snab‚ɕøːp]
bakkerij (de)	bageri (ett)	[bage'riː]
bakker (de)	bagare (en)	['bagarə]
banketbakkerij (de)	konditori (ett)	[kɔnditʊ'riː]
kruidenier (de)	speceriaffär (en)	[spese'ri a'fæːr]
slagerij (de)	slaktare butik (en)	['slʲaktarə bu'tik]
groentewinkel (de)	grönsakshandel (en)	['grøːnsaks‚handəlʲ]
markt (de)	marknad (en)	['marknad]
koffiehuis (het)	kafé (ett)	[ka'feː]
restaurant (het)	restaurang (en)	[rɛstɔ'raŋ]
bar (de)	pub (en)	['pub]
pizzeria (de)	pizzeria (en)	[pitse'ria]
kapperssalon (de/het)	frisersalong (en)	['frisər ʂa‚lʲɔŋ]
postkantoor (het)	post (en)	['pɔst]
stomerij (de)	kemtvätt (en)	['ɕemtvæt]
fotostudio (de)	fotoateljé (en)	['fʊtʊ atə‚ljeː]
schoenwinkel (de)	skoaffär (en)	['skʊːa‚fæːr]
boekhandel (de)	bokhandel (en)	['bʊk‚handəlʲ]
sportwinkel (de)	sportaffär (en)	['spɔːt a'fæːr]
kledingreparatie (de)	klädreparationer (en)	['klʲɛd 'repara‚ɦunər]
kledingverhuur (de)	kläduthyrning (en)	['klʲɛd ɵ'tyːɳiŋ]
videotheek (de)	filmuthyrning (en)	['filʲm ɵ'tyːɳiŋ]
circus (de/het)	cirkus (en)	['sirkɵs]
dierentuin (de)	zoo (ett)	['sʊː]
bioscoop (de)	biograf (en)	[biʊ'graf]
museum (het)	museum (ett)	[mɵ'seum]

bibliotheek (de)	bibliotek (ett)	[bibliʉ'tek]
theater (het)	teater (en)	[te'atər]
opera (de)	opera (en)	['ʊpera]
nachtclub (de)	nattklubb (en)	['natˌklʉb]
casino (het)	kasino (ett)	[ka'sinʊ]
moskee (de)	moské (en)	[mʊs'ke:]
synagoge (de)	synagoga (en)	['synaˌgɔga]
kathedraal (de)	katedral (en)	[katɛ'drali̯]
tempel (de)	tempel (ett)	['tɛmpəli̯]
kerk (de)	kyrka (en)	['ɕyrka]
instituut (het)	institut (ett)	[insti'tʉt]
universiteit (de)	universitet (ett)	[univɛʂi'tet]
school (de)	skola (en)	['skʊli̯a]
gemeentehuis (het)	prefektur (en)	[prefɛk'tʉ:r]
stadhuis (het)	rådhus (en)	['rɔdˌhʉs]
hotel (het)	hotell (ett)	[hʊ'tɛli̯]
bank (de)	bank (en)	['baŋk]
ambassade (de)	ambassad (en)	[amba'sad]
reisbureau (het)	resebyrå (en)	['resebyˌrɔ:]
informatieloket (het)	informationsbyrå (en)	[infɔrma'ɧʊns byˌrɔ:]
wisselkantoor (het)	växelkontor (ett)	['vɛksəli̯ kɔn'tʊr]
metro (de)	tunnelbana (en)	['tunəli̯ˌbana]
ziekenhuis (het)	sjukhus (ett)	['ɧʉ:kˌhʉs]
benzinestation (het)	bensinstation (en)	[bɛn'sinˌsta'ɧʊn]
parking (de)	parkeringsplats (en)	[par'keriŋsˌpli̯ats]

30. Borden

gevelreclame (de)	skylt (en)	['ɧyli̯t]
opschrift (het)	inskrift (en)	['inˌskrift]
poster (de)	poster, löpsedel (en)	['pɔstər], ['løpˌsedəli̯]
wegwijzer (de)	vägvisare (en)	['vɛ:gˌvisarə]
pijl (de)	pil (en)	['pili̯]
waarschuwing (verwittiging)	varning (en)	['va:ɳiŋ]
waarschuwingsbord (het)	varningsskylt (en)	['va:ɳiŋs ˌɧyli̯t]
waarschuwen (ww)	att varna	[at 'va:ɳa]
vrije dag (de)	fridag (en)	['friˌdag]
dienstregeling (de)	tidtabell (en)	['tid ta'bɛli̯]
openingsuren (mv.)	öppettider (pl)	['øpetˌti:dər]
WELKOM!	VÄLKOMMEN!	['vɛli̯ˌkɔmən]
INGANG	INGÅNG	['inˌgɔŋ]
UITGANG	UTGÅNG	['ʉtˌgɔŋ]
DUWEN	TRYCK	['trʏk]
TREKKEN	DRAG	['drag]

| OPEN | ÖPPET | ['øpet] |
| GESLOTEN | STÄNGT | ['stɛnt] |

| DAMES | DAMER | ['damər] |
| HEREN | HERRAR | ['hɛ'rar] |

KORTING	RABATT	[ra'bat]
UITVERKOOP	REA	['rea]
NIEUW!	NYHET!	['nyhet]
GRATIS	GRATIS	['gratis]

PAS OP!	OBS!	['ɔbs]
VOLGEBOEKT	FUIIBOKAT	['fulʲˌbʊkat]
GERESERVEERD	RESERVERAT	[resɛr'verat]

| ADMINISTRATIE | ADMINISTRATION | [administra'ɧʊn] |
| ALLEEN VOOR PERSONEEL | ENDAST PERSONAL | ['ɛndast pɛʂʊ'nalʲ] |

GEVAARLIJKE HOND	VARNING FÖR HUNDEN	['vaːɳiŋ før 'hundən]
VERBODEN TE ROKEN!	RÖKNING FÖRBJUDEN	['rœkniŋ før'bjʉːdən]
NIET AANRAKEN!	FÅR EJ VIDRÖRAS!	['foːr ej 'vidrøːras]

GEVAARLIJK	FARLIG	['faːlʲig]
GEVAAR	FARA	['fara]
HOOGSPANNING	HÖGSPÄNNING	['høːgˌspɛniŋ]
VERBODEN TE ZWEMMEN	BADNING FÖRBJUDEN	['badniŋ før'bjʉːdən]
BUITEN GEBRUIK	UR FUNKTION	['ʉr fuŋk'ɧʊn]

ONTVLAMBAAR	BRANDFARLIG	['brandˌfaːlʲig]
VERBODEN	FÖRBJUD	[før'bjʉːd]
DOORGANG VERBODEN	TIIITRÄDE FÖRBJUDET	['tilʲtrɛːdə før'bjʉːdət]
OPGELET PAS GEVERFD	NYMÅLAT	['nyˌmoːlʲat]

31. Winkelen

kopen (ww)	att köpa	[at 'ɕøːpa]
aankoop (de)	inköp (ett)	['inˌɕøːp]
winkelen (ww)	att shoppa	[at 'ʃopa]
winkelen (het)	shopping (en)	['ʃopiŋ]

| open zijn (ov. een winkel, enz.) | att vara öppen | [at 'vara 'øpən] |
| gesloten zijn (ww) | att vara stängd | [at 'vara stɛnd] |

schoeisel (het)	skodon (pl)	['skʊdʊn]
kleren (mv.)	kläder (pl)	['klʲɛːdər]
cosmetica (de)	kosmetika (en)	[kɔs'mɛtika]
voedingswaren (mv.)	matvaror (pl)	['matˌvarʊr]
geschenk (het)	gåva, present (en)	['goːva], [pre'sɛnt]

verkoper (de)	försäljare (en)	[fœˈʂɛljarə]
verkoopster (de)	försäljare (en)	[fœˈʂɛljarə]
kassa (de)	kassa (en)	['kasa]

spiegel (de)	spegel (en)	['spegelʲ]
toonbank (de)	disk (en)	['disk]
paskamer (de)	provrum (ett)	['pruv,ruːm]
aanpassen (ww)	att prova	[at 'pruva]
passen (ov. kleren)	att passa	[at 'pasa]
bevallen (prettig vinden)	att gilla	[at 'jilʲa]
prijs (de)	pris (ett)	['pris]
prijskaartje (het)	prislapp (en)	['pris,lʲap]
kosten (ww)	att kosta	[at 'kɔsta]
Hoeveel?	Hur mycket?	[hʉr 'mykə]
korting (de)	rabatt (en)	[ra'bat]
niet duur (bn)	billig	['bilig]
goedkoop (bn)	billig	['bilig]
duur (bn)	dyr	['dyr]
Dat is duur.	Det är dyrt.	[dɛ æːr 'dyːt]
verhuur (de)	uthyrning (en)	['ʉt,hyŋin]
huren (smoking, enz.)	att hyra	[at 'hyra]
krediet (het)	kredit (en)	[kre'dit]
op krediet (bw)	på kredit	[pɔ kre'dit]

KLEDING EN ACCESSOIRES

32. Bovenkleding. Jassen

kleren (mv.), kleding (de)	kläder (pl)	['klʲɛːdər]
bovenkleding (de)	ytterkläder	['ytəˌklʲɛːdər]
winterkleding (de)	vinterkläder (pl)	['vintəˌklʲɛːdər]
jas (de)	rock, kappa (en)	['rɔk], ['kapa]
bontjas (de)	päls (en)	['pɛlʲs]
bontjasje (het)	pälsjacka (en)	['pɛlʲsˌjaka]
donzen jas (de)	dunjacka (en)	['dɯːnˌjaka]
jasje (bijv. een leren ~)	jacka (en)	['jaka]
regenjas (de)	regnrock (en)	['rɛgnˌrɔk]
waterdicht (bn)	vattentät	['vatənˌtɛt]

33. Heren & dames kleding

overhemd (het)	skjorta (en)	['ɧuːta]
broek (de)	byxor (pl)	['byksʊr]
jeans (de)	jeans (en)	['jins]
colbert (de)	kavaj (en)	[ka'vaj]
kostuum (het)	kostym (en)	[kɔs'tym]
jurk (de)	klänning (en)	['klʲɛniŋ]
rok (de)	kjol (en)	['ɕøːlʲ]
blouse (de)	blus (en)	['blɯːs]
wollen vest (de)	stickad tröja (en)	['stikad 'trøja]
blazer (kort jasje)	dräktjacka, kavaj (en)	['drɛkt 'jaka], ['kavaj]
T-shirt (het)	T-shirt (en)	['tiːʃɔːt]
shorts (mv.)	shorts (en)	['ʃɔːts]
trainingspak (het)	träningsoverall (en)	['trɛːniŋs ɔve'rɔːlʲ]
badjas (de)	morgonrock (en)	['mɔrgɔnˌrɔk]
pyjama (de)	pyjamas (en)	[py'jamas]
sweater (de)	sweater, tröja (en)	['svitər], ['trøja]
pullover (de)	pullover (en)	[pu'lʲɔːvər]
gilet (het)	väst (en)	['vɛst]
rokkostuum (het)	frack (en)	['frak]
smoking (de)	smoking (en)	['smɔkiŋ]
uniform (het)	uniform (en)	[uni'fɔrm]
werkkleding (de)	arbetskläder (pl)	['arbetsˌklʲɛːdər]
overall (de)	overall (en)	['ɔveˌrɔːlʲ]
doktersjas (de)	rock (en)	['rɔk]

34. Kleding. Ondergoed

ondergoed (het)	underkläder (pl)	['undəˌklʲɛːdər]
herenslip (de)	underbyxor (pl)	['undəˌbyksʊr]
slipjes (mv.)	trosor (pl)	['trʊsʊr]
onderhemd (het)	undertröja (en)	['undəˌtrøja]
sokken (mv.)	sockor (pl)	['sɔkʊr]
nachthemd (het)	nattlinne (ett)	['natˌlinə]
beha (de)	behå (en)	[be'hoː]
kniekousen (mv.)	knästrumpor (pl)	['knɛːˌstrumpʊr]
panty (de)	strumpbyxor (pl)	['strumpˌbyksʊr]
nylonkousen (mv.)	strumpor (pl)	['strumpʊr]
badpak (het)	baddräkt (en)	['badˌdrɛkt]

35. Hoofddeksels

hoed (de)	hatt (en)	['hat]
deukhoed (de)	hatt (en)	['hat]
honkbalpet (de)	baseballkeps (en)	['bejsbɔlʲ keps]
kleppet (de)	keps (en)	['keps]
baret (de)	basker (en)	['baskər]
kap (de)	luva, kapuschong (en)	['lʉːva], [kapʉ'ɧɔːŋ]
panamahoed (de)	panamahatt (en)	['panamaˌhat]
gebreide muts (de)	luva (en)	['lʉːva]
hoofddoek (de)	sjalett (en)	[ɧa'lʲet]
dameshoed (de)	hatt (en)	['hat]
veiligheidshelm (de)	hjälm (en)	['jɛlʲm]
veldmuts (de)	båtmössa (en)	['bɔtˌmœsa]
helm, valhelm (de)	hjälm (en)	['jɛlʲm]
bolhoed (de)	plommonstop (ett)	['plʲumɔnˌstʊp]
hoge hoed (de)	hög hatt, cylinder (en)	['høːg ˌhat], [sy'lindər]

36. Schoeisel

schoeisel (het)	skodon (pl)	['skʊdʊn]
schoenen (mv.)	skor (pl)	['skʊr]
vrouwenschoenen (mv.)	damskor (pl)	['damˌskʊr]
laarzen (mv.)	stövlar (pl)	['støvlʲar]
pantoffels (mv.)	tofflor (pl)	['tɔflʲʊr]
sportschoenen (mv.)	tennisskor (pl)	['tɛnisˌskʊr]
sneakers (mv.)	canvas skor (pl)	['kanvas ˌskʊr]
sandalen (mv.)	sandaler (pl)	[san'dalʲer]
schoenlapper (de)	skomakare (en)	['skʊˌmakarə]
hiel (de)	klack (en)	['klʲak]

paar (een ~ schoenen)	par (ett)	['par]
veter (de)	skosnöre (ett)	['skuˌsnøːrə]
rijgen (schoenen ~)	att snöra	[at 'snøːra]
schoenlepel (de)	skohorn (ett)	['skuˌhuːn]
schoensmeer (de/het)	skokräm (en)	['skuˌkrɛm]

37. Persoonlijke accessoires

handschoenen (mv.)	handskar (pl)	['hanskar]
wanten (mv.)	vantar (pl)	['vantar]
sjaal (fleece ~)	halsduk (en)	['halʲsˌdɵːk]

bril (de)	glasögon (pl)	['glʲasˌøːgɔn]
brilmontuur (het)	båge (en)	['boːgə]
paraplu (de)	paraply (ett)	[para'plʲy]
wandelstok (de)	käpp (en)	['ɕɛp]
haarborstel (de)	hårborste (en)	['hoːrˌboːʂtə]
waaier (de)	solfjäder (en)	['sulʲˌfjɛːdər]

das (de)	slips (en)	['slips]
strikje (het)	fluga (en)	['flɵːga]
bretels (mv.)	hängslen (pl)	['hɛŋslʲən]
zakdoek (de)	näsduk (en)	['nɛsˌdɵk]

kam (de)	kam (en)	['kam]
haarspeldje (het)	hårklämma (ett)	['hoːrˌklʲɛma]
schuifspeldje (het)	hårnål (en)	['hoːˌnoːlʲ]
gesp (de)	spänne (ett)	['spɛnə]

broekriem (de)	bälte (ett)	['bɛlʲtə]
draagriem (de)	rem (en)	['rem]

handtas (de)	väska (en)	['vɛska]
damestas (de)	damväska (en)	['damˌvɛska]
rugzak (de)	ryggsäck (en)	['rʏgˌsɛk]

38. Kleding. Diversen

mode (de)	mode (ett)	['mʊdə]
de mode (bn)	modern	[mʊ'dɛːn]
kledingstilist (de)	modedesigner (en)	['mʊdə de'sajnər]

kraag (de)	krage (en)	['kragə]
zak (de)	ficka (en)	['fika]
zak- (abn)	fick-	['fik-]
mouw (de)	ärm (en)	['æːrm]
lusje (het)	hängband (ett)	['hɛŋ band]
gulp (de)	gylf (en)	['gylʲf]

rits (de)	blixtlås (ett)	['blikstˌlʲoːs]
sluiting (de)	knäppning (en)	['knɛpniŋ]
knoop (de)	knapp (en)	['knap]

| knoopsgat (het) | knapphål (ett) | ['knap̠ho:lʲ] |
| losraken (bijv. knopen) | att lossna | [at 'lʲɔsna] |

naaien (kleren, enz.)	att sy	[at sy]
borduren (ww)	att brodera	[at brʉ'dera]
borduursel (het)	broderi (ett)	[brʉde'ri:]
naald (de)	synål (en)	['sy̠no:lʲ]
draad (de)	tråd (en)	['tro:d]
naad (de)	söm (en)	['sø:m]

vies worden (ww)	att smutsa ned sig	[at 'smutsa ned sɛj]
vlek (de)	fläck (en)	['flʲɛk]
gekreukt raken (ov. kleren)	att bli skrynklig	[at bli 'skrʏŋklig]
scheuren (ov.ww.)	att riva	[at 'riva]
mot (de)	mal (en)	['malʲ]

39. Persoonlijke verzorging. Schoonheidsmiddelen

tandpasta (de)	tandkräm (en)	['tand̠krɛm]
tandenborstel (de)	tandborste (en)	['tand̠bɔ:ʂtə]
tanden poetsen (ww)	att borsta tänderna	[at 'bɔ:ʂta 'tɛndɛ:ɳa]

scheermes (het)	hyvel (en)	['hyvəlʲ]
scheerschuim (het)	rakkräm (en)	['rak̠krɛm]
zich scheren (ww)	att raka sig	[at 'raka sɛj]

| zeep (de) | tvål (en) | ['tvo:lʲ] |
| shampoo (de) | schampo (ett) | ['ɧam̠pʊ] |

schaar (de)	sax (en)	['saks]
nagelvijl (de)	nagelfil (en)	['nagəlʲ̠filʲ]
nagelknipper (de)	nageltång (en)	['nagəlʲ̠toŋ]
pincet (het)	pincett (en)	[pin'sɛt]

cosmetica (de)	kosmetika (en)	[kɔs'mɛtika]
masker (het)	ansiktsmask (en)	[an'sikts̠mask]
manicure (de)	manikyr (en)	[mani'kyr]
manicure doen	att få manikyr	[at fo: mani'kyr]
pedicure (de)	pedikyr (en)	[pedi'kyr]

cosmetica tasje (het)	kosmetikväska (en)	[kɔsmɛ'tik̠vɛska]
poeder (de/het)	puder (ett)	['pʉ:dər]
poederdoos (de)	puderdosa (en)	['pʉ:dɛ̠do:sa]
rouge (de)	rouge (ett)	['ru:ʃ]

parfum (de/het)	parfym (en)	[par'fym]
eau de toilet (de)	eau de toilette (en)	['ɔ:detua̠lʲet]
lotion (de)	rakvatten (ett)	['rak̠vatən]
eau de cologne (de)	eau de cologne (en)	['ɔ:dekɔ̠lʲoŋʲ]

oogschaduw (de)	ögonskugga (en)	['ø:gɔn̠skuga]
oogpotlood (het)	ögonpenna (en)	['ø:gɔn̠pɛna]
mascara (de)	mascara (en)	[ma'skara]
lippenstift (de)	läppstift (ett)	['lʲɛp̠stift]

nagellak (de)	nagellack (ett)	['nagəlʲˌlʲak]
haarlak (de)	hårspray (en)	['hoːrˌsprɛj]
deodorant (de)	deodorant (en)	[deʊdʊ'rant]

crème (de)	kräm (en)	['krɛm]
gezichtscrème (de)	ansiktskräm (en)	[an'sikstsˌkrɛm]
handcrème (de)	handkräm (en)	['handˌkrɛm]
antirimpelcrème (de)	anti-rynkor kräm (en)	['antiˌrʏŋkʊr 'krɛm]
dagcrème (de)	dagkräm (en)	['dagˌkrɛm]
nachtcrème (de)	nattkräm (en)	['natˌkrɛm]
dag- (abn)	dag-	['dag-]
nacht- (abn)	natt-	['nat-]

tampon (de)	tampong (en)	[tam'pɔn]
toiletpapier (het)	toalettpapper (ett)	[tʊa'lʲetˌpapər]
föhn (de)	hårtork (en)	['hoːˌtʊrk]

40. Horloges. Klokken

polshorloge (het)	armbandsur (ett)	['armbandsˌʉːr]
wijzerplaat (de)	urtavla (en)	['ʉːˌtavlʲa]
wijzer (de)	visare (en)	['visarə]
metalen horlogeband (de)	armband (ett)	['armˌband]
horlogebandje (het)	armband (ett)	['armˌband]

batterij (de)	batteri (ett)	[batɛ'riː]
leeg zijn (ww)	att bli urladdad	[at bli 'ʉːˌlʲadad]
batterij vervangen	att byta batteri	[at 'byta batɛ'riː]
voorlopen (ww)	att gå för fort	[at 'goː før 'foːt]
achterlopen (ww)	att gå för långsamt	[at 'goː før 'lʲɔŋˌsamt]

wandklok (de)	väggklocka (en)	['vɛgˌklʲɔka]
zandloper (de)	sandklocka (en)	['sandˌklʲɔka]
zonnewijzer (de)	solklocka (en)	['sʊlʲˌklʲɔka]
wekker (de)	väckarklocka (en)	['vɛkarˌklʲɔka]
horlogemaker (de)	urmakare (en)	['ʉrˌmakarə]
repareren (ww)	att reparera	[at repa'rera]

ALLEDAAGSE ERVARING

41. Geld

geld (het)	pengar (pl)	['pɛŋar]
ruil (de)	växling (en)	['vɛkslıŋ]
koers (de)	kurs (en)	['kuːʂ]
geldautomaat (de)	bankomat (en)	[baŋkʊ'mat]
muntstuk (de)	mynt (ett)	['mʏnt]
dollar (de)	dollar (en)	['dɔlʲar]
euro (de)	euro (en)	['ɛvrɔ]
lire (de)	lire (en)	['lirə]
Duitse mark (de)	mark (en)	['mark]
frank (de)	franc (en)	['fran]
pond sterling (het)	pund sterling (ett)	['pʊŋ stɛr'lıŋ]
yen (de)	yen (en)	['jɛn]
schuld (geldbedrag)	skuld (en)	['skʊlʲd]
schuldenaar (de)	gäldenär (en)	[jɛlʲdɛ'næːr]
uitlenen (ww)	att låna ut	[at 'lʲoːna ʉt]
lenen (geld ~)	att låna	[at 'lʲoːna]
bank (de)	bank (en)	['baŋk]
bankrekening (de)	konto (ett)	['kɔntʊ]
storten (ww)	att sätta in	[at 'sæta in]
op rekening storten	att sätta in på kontot	[at 'sæta in pɔ 'kɔntʊt]
opnemen (ww)	att ta ut från kontot	[at ta ʉt frɔn 'kɔntʊt]
kredietkaart (de)	kreditkort (ett)	[kre'dit‚kɔːt]
baar geld (het)	kontanter (pl)	[kɔn'tantər]
cheque (de)	check (en)	['ɕɛk]
een cheque uitschrijven	att skriva en check	[at 'skriva en 'ɕɛk]
chequeboekje (het)	checkbok (en)	['ɕɛk‚bʊk]
portefeuille (de)	plånbok (en)	['plʲoːn‚bʊk]
geldbeugel (de)	börs (en)	['bøːʂ]
safe (de)	säkerhetsskåp (ett)	['sɛːkərhets‚skoːp]
erfgenaam (de)	arvinge (en)	['arvıŋə]
erfenis (de)	arv (ett)	['arv]
fortuin (het)	förmögenhet (en)	[før'møgən‚het]
huur (de)	hyra (en)	['hyra]
huurprijs (de)	hyra (en)	['hyra]
huren (huis, kamer)	att hyra	[at 'hyra]
prijs (de)	pris (ett)	['pris]
kostprijs (de)	kostnad (en)	['kɔstnad]

Dutch	Swedish	Pronunciation
som (de)	summa (en)	['suma]
uitgeven (geld besteden)	att lägga ut	[at 'lʲɛga ʉt]
kosten (mv.)	utgifter (pl)	['ʉtˌjiftər]
bezuinigen (ww)	att spara	[at 'spara]
zuinig (bn)	sparsam	['spaːʂam]
betalen (ww)	att betala	[at be'talʲa]
betaling (de)	betalning (en)	[be'talʲniŋ]
wisselgeld (het)	växel (en)	['vɛksəlʲ]
belasting (de)	skatt (en)	['skat]
boete (de)	bot (en)	['bʊt]
beboeten (bekeuren)	att bötfälla	[at 'bøtˌfɛlʲa]

42. Post. Postkantoor

Dutch	Swedish	Pronunciation
postkantoor (het)	post (en)	['pɔst]
post (de)	post (en)	['pɔst]
postbode (de)	brevbärare (en)	['brevˌbæːrarə]
openingsuren (mv.)	öppettider (pl)	['øpetˌtiːdər]
brief (de)	brev (ett)	['brev]
aangetekende brief (de)	rekommenderat brev (ett)	[rekɔmən'derat brev]
briefkaart (de)	postkort (ett)	['pɔstˌkɔːt]
telegram (het)	telegram (ett)	[telʲe'gram]
postpakket (het)	postpaket (ett)	['pɔst paˌket]
overschrijving (de)	pengaöverföring (en)	['pɛŋaˌøve'føːriŋ]
ontvangen (ww)	att ta emot	[at ta ɛmoːt]
sturen (zenden)	att skicka	[at 'ɧika]
verzending (de)	avsändning (en)	['avˌsɛndniŋ]
adres (het)	adress (en)	[a'drɛs]
postcode (de)	postnummer (ett)	['pɔstˌnumər]
verzender (de)	avsändare (en)	['avˌsɛndarə]
ontvanger (de)	mottagare (en)	['mɔtˌtagarə]
naam (de)	förnamn (ett)	['fœːˌnamn]
achternaam (de)	efternamn (ett)	['ɛftəˌnamn]
tarief (het)	tariff (en)	[ta'rif]
standaard (bn)	vanlig	['vanlig]
zuinig (bn)	ekonomisk	[ɛkʊ'nɔmisk]
gewicht (het)	vikt (en)	['vikt]
afwegen (op de weegschaal)	att väga	[at 'vɛːga]
envelop (de)	kuvert (ett)	[kʉː'vær]
postzegel (de)	frimärke (ett)	['friˌmærkə]
een postzegel plakken op	att sätta på frimärke	[at 'sæta pɔ 'friˌmærkə]

43. Bankieren

Dutch	Swedish	Pronunciation
bank (de)	bank (en)	['baŋk]
bankfiliaal (het)	avdelning (en)	[av'dɛlʲniŋ]

bankbediende (de)	konsulent (en)	[kɔnsuˈlʲɛnt]
manager (de)	föreståndare (en)	[førəˈstɔndarə]

bankrekening (de)	bankkonto (ett)	[ˈbaŋkˌkɔntʊ]
rekeningnummer (het)	kontonummer (ett)	[ˈkɔntʊˌnumər]
lopende rekening (de)	checkkonto (ett)	[ˈɕɛkˌkɔntʊ]
spaarrekening (de)	sparkonto (ett)	[ˈsparˌkɔntʊ]

een rekening openen	att öppna ett konto	[at ˈøpna ɛt ˈkɔntʊ]
de rekening sluiten	att avsluta kontot	[at ˈavˌslʉːta ˈkɔntʊt]
op rekening storten	att sätta in på kontot	[at ˈsæta in pɔ ˈkɔntʊt]
opnemen (ww)	att ta ut från kontot	[at ta ʉt frɔn ˈkɔntʊt]

storting (de)	insats (en)	[ˈinˌsats]
een storting maken	att sätta in	[at ˈsæta in]
overschrijving (de)	överföring (en)	[ˈøːvəˌføːriŋ]
een overschrijving maken	att överföra	[at øːvəˌføra]

som (de)	summa (en)	[ˈsuma]
Hoeveel?	Hur mycket?	[hʉr ˈmʏkə]

handtekening (de)	signatur, underskrift (en)	[signaˈtʉːr], [ˈundəˌskrift]
ondertekenen (ww)	att underteckna	[at ˈundəˌtɛkna]

kredietkaart (de)	kreditkort (ett)	[kreˈditˌkɔːt]
code (de)	kod (en)	[ˈkɔd]
kredietkaartnummer (het)	kreditkortsnummer (ett)	[kreˈditˌkɔːts ˈnumər]
geldautomaat (de)	bankomat (en)	[baŋkʊˈmat]

cheque (de)	check (en)	[ˈɕɛk]
een cheque uitschrijven	att skriva en check	[at ˈskriva en ˈɕɛk]
chequeboekje (het)	checkbok (en)	[ˈɕɛkˌbʊk]

lening, krediet (de)	lån (ett)	[ˈlʲoːn]
een lening aanvragen	att ansöka om lån	[at ˈanˌsøːka ɔm ˈlʲoːn]
een lening nemen	att få ett lån	[at foː et ˈlʲoːn]
een lening verlenen	att ge ett lån	[at jeː et ˈlʲoːn]
garantie (de)	garanti (en)	[garanˈtiː]

44. Telefoon. Telefoongesprek

telefoon (de)	telefon (en)	[telʲeˈfɔn]
mobieltje (het)	mobiltelefon (en)	[mɔˈbilʲ telʲeˈfɔn]
antwoordapparaat (het)	telefonsvarare (en)	[telʲeˈfɔnˌsvararə]

bellen (ww)	att ringa	[at ˈriŋa]
belletje (telefoontje)	telefonsamtal (en)	[telʲeˈfɔnˌsamtalʲ]

een nummer draaien	att slå nummer	[at ˈslʲoː ˈnumər]
Hallo!	Hallå!	[haˈlʲoː]
vragen (ww)	att fråga	[at ˈfroːga]
antwoorden (ww)	att svara	[at ˈsvara]
horen (ww)	att höra	[at ˈhøːra]
goed (bw)	gott, bra	[ˈgɔt], [ˈbra]

| slecht (bw) | dåligt | ['do:lit] |
| storingen (mv.) | bruser, störningar (pl) | ['brʉːsər], ['støːɳiŋar] |

hoorn (de)	telefonlur (en)	[telʲeˈfɔnˌlʉːr]
opnemen (ww)	att lyfta telefonluren	[at ˈlʲyfta telʲeˈfɔn ˈlʉːrən]
ophangen (ww)	att lägga på	[at ˈlʲɛga pɔ]

bezet (bn)	upptagen	[ˈupˌtagən]
overgaan (ww)	att ringa	[at ˈriŋa]
telefoonboek (het)	telefonkatalog (en)	[telʲeˈfɔn kataˈlʲɔg]

lokaal gesprek (het)	lokalsamtal (ett)	[lʲɔˈkalʲˌsamtalʲ]
interlokaal gesprek (het)	rikssamtal (ett)	[ˈriksˌsamtalʲ]
buitenlands (bn)	internationell	[ˈintɛːɳatɧʉˌnɛlʲ]

45. Mobiele telefoon

mobieltje (het)	mobiltelefon (en)	[mɔˈbilʲ telʲeˈfɔn]
scherm (het)	skärm (en)	[ˈɧæːrm]
toets, knop (de)	knapp (en)	[ˈknap]
simkaart (de)	SIM-kort (ett)	[ˈsimˌkɔːt]

batterij (de)	batteri (ett)	[batɛˈriː]
leeg zijn (ww)	att bli urladdad	[at bli ˈʉːˌlʲadad]
acculader (de)	laddare (en)	[ˈlʲadarə]

menu (het)	meny (en)	[meˈny]
instellingen (mv.)	inställningar (pl)	[ˈinˌstɛlʲniŋar]
melodie (beltoon)	melodi (en)	[melʲɔˈdiː]
selecteren (ww)	att välja	[at ˈvɛlja]

rekenmachine (de)	kalkylator (en)	[kalʲkyˈlʲatʊr]
voicemail (de)	telefonsvarare (en)	[telʲeˈfɔnˌsvararə]
wekker (de)	väckarklocka, alarm (en)	[ˈvɛkarˌklʲɔka], [aˈlʲarm]
contacten (mv.)	kontakter (pl)	[kɔnˈtaktər]

| SMS-bericht (het) | SMS meddelande (ett) | [ɛsɛˈmɛs meˈdelʲandə] |
| abonnee (de) | abonnent (en) | [abɔˈnɛnt] |

46. Schrijfbehoeften

| balpen (de) | kulspetspenna (en) | [ˈkʉlʲspetsˌpɛna] |
| vulpen (de) | reservoarpenna (en) | [resɛrvʊˈarˌpɛna] |

potlood (het)	blyertspenna (en)	[ˈblʲyɛːʈsˌpɛna]
marker (de)	märkpenna (en)	[ˈmœrkˌpɛna]
viltstift (de)	tuschpenna (en)	[ˈtuːʃˌpɛna]

notitieboekje (het)	block (ett)	[ˈblʲɔk]
agenda (boekje)	dagbok (en)	[ˈdagˌbʊk]
liniaal (de/het)	linjal (en)	[liˈnjalʲ]
rekenmachine (de)	kalkylator (en)	[kalʲkyˈlʲatʊr]

gom (de)	suddgummi (ett)	['sud̦gumi]
punaise (de)	häftstift (ett)	['hɛfțstift]
paperclip (de)	gem (ett)	['gem]
lijm (de)	lim (ett)	['lim]
nietmachine (de)	häftapparat (en)	['hɛft apa̦rat]
perforator (de)	hålslag (ett)	['hoːlʲ̦slʲag]
potloodslijper (de)	pennvässare (en)	['pɛn̦vɛsarə]

47. Vreemde talen

taal (de)	språk (ett)	['sproːk]
vreemd (bn)	främmande	['frɛmandə]
vreemde taal (de)	främmande språk (ett)	['frɛmandə sproːk]
leren (bijv. van buiten ~)	att studera	[at stu'dera]
studeren (Nederlands ~)	att lära sig	[at 'lʲæːra sɛj]
lezen (ww)	att läsa	[at 'lʲɛːsa]
spreken (ww)	att tala	[at 'talʲa]
begrijpen (ww)	att förstå	[at fœːˈs̩toː]
schrijven (ww)	att skriva	[at 'skriva]
snel (bw)	snabbt	['snabt]
langzaam (bw)	långsamt	['lʲɔŋ̦samt]
vloeiend (bw)	flytande	['flʲytandə]
regels (mv.)	regler (pl)	['rɛglʲer]
grammatica (de)	grammatik (en)	[grama'tik]
vocabulaire (het)	ordförråd (ett)	['ʊːdfœː̦roːd]
fonetiek (de)	fonetik (en)	[fɔne'tik]
leerboek (het)	lärobok (en)	['lʲæːrʊ̦bʊk]
woordenboek (het)	ordbok (en)	['ʊːd̦bʊk]
leerboek (het) voor zelfstudie	självinstruerande lärobok (en)	['ɧɛlʲv instrʉ'ɛrandə 'lʲæːrʊ̦bʊk]
taalgids (de)	parlör (en)	[paːˈlʲøːr]
cassette (de)	kassett (en)	[ka'sɛt]
videocassette (de)	videokassett (en)	['videʊ ka'sɛt]
CD (de)	cd-skiva (en)	['sede ˌɧiva]
DVD (de)	dvd (en)	[deve'deː]
alfabet (het)	alfabet (ett)	['alʲfabet]
spellen (ww)	att stava	[at 'stava]
uitspraak (de)	uttal (ett)	['ʉțtalʲ]
accent (het)	brytning (en)	['brʏtniŋ]
met een accent (bw)	med brytning	[me 'brʏtniŋ]
zonder accent (bw)	utan brytning	['ʉtan 'brʏtniŋ]
woord (het)	ord (ett)	['ʊːd]
betekenis (de)	betydelse (en)	[be'tydəlʲsə]
cursus (de)	kurs (en)	['kuːs̩]
zich inschrijven (ww)	att anmäla sig	[at 'an̦mɛːlʲa sɛj]

leraar (de)	lärare (en)	['lʲæːrarə]
vertaling (een ~ maken)	översättning (en)	['øːvəˌsætniŋ]
vertaling (tekst)	översättning (en)	['øːvəˌsætniŋ]
vertaler (de)	översättare (en)	['øːvəˌsætarə]
tolk (de)	tolk (en)	['tɔlʲk]
polyglot (de)	polyglott (en)	[pʊlʲyˈglʲɔt]
geheugen (het)	minne (ett)	['minə]

MAALTIJDEN. RESTAURANT

48. Tafelschikking

lepel (de)	sked (en)	[ˈɧed]
mes (het)	kniv (en)	[ˈkniv]
vork (de)	gaffel (en)	[ˈgafəlʲ]
kopje (het)	kopp (en)	[ˈkop]
bord (het)	tallrik (en)	[ˈtalʲrik]
schoteltje (het)	tefat (ett)	[ˈteˌfat]
servet (het)	servett (en)	[sɛrˈvɛt]
tandenstoker (de)	tandpetare (en)	[ˈtandˌpetarə]

49. Restaurant

restaurant (het)	restaurang (en)	[rɛstɔˈraŋ]
koffiehuis (het)	kafé (ett)	[kaˈfeː]
bar (de)	bar (en)	[ˈbar]
tearoom (de)	tehus (ett)	[ˈteːˌhʉs]
kelner, ober (de)	servitör (en)	[sɛrviˈtøːr]
serveerster (de)	servitris (en)	[sɛrviˈtris]
barman (de)	bartender (en)	[ˈbaːˌtɛndər]
menu (het)	meny (en)	[meˈny]
wijnkaart (de)	vinlista (en)	[ˈvinˌlista]
een tafel reserveren	att reservera bord	[at resɛrˈvera bʉːd]
gerecht (het)	rätt (en)	[ˈræt]
bestellen (eten ~)	att beställa	[at beˈstɛlʲa]
een bestelling maken	att beställa	[at beˈstɛlʲa]
aperitief (de/het)	aperitif (en)	[aperiˈtif]
voorgerecht (het)	förrätt (en)	[ˈfœːræt]
dessert (het)	dessert (en)	[dɛˈsɛːr]
rekening (de)	nota (en)	[ˈnʊta]
de rekening betalen	att betala notan	[at beˈtalʲa ˈnʊtan]
wisselgeld teruggeven	att ge tillbaka växel	[at jeː tilʲˈbaka ˈvɛksəlʲ]
fooi (de)	dricks (en)	[ˈdriks]

50. Maaltijden

eten (het)	mat (en)	[ˈmat]
eten (ww)	att äta	[at ˈɛːta]

ontbijt (het)	frukost (en)	['frʉːkɔst]
ontbijten (ww)	att äta frukost	[at 'ɛːta 'frʉːkɔst]
lunch (de)	lunch (en)	['lʉnɕ]
lunchen (ww)	att äta lunch	[at 'ɛːta ˌlʉnɕ]
avondeten (het)	kvällsmat (en)	['kvɛlʲsˌmat]
souperen (ww)	att äta kvällsmat	[at 'ɛːta 'kvɛlʲsˌmat]
eetlust (de)	aptit (en)	['aptit]
Eet smakelijk!	Smaklig måltid!	['smaklig 'moːlʲtid]
openen (een fles ~)	att öppna	[at 'øpna]
morsen (koffie, enz.)	att spilla	[at 'spilʲa]
zijn gemorst	att spillas ut	[at 'spilʲas ʉt]
koken (water kookt bij 100°C)	att koka	[at 'kʊka]
koken (Hoe om water te ~)	att koka	[at 'kʊka]
gekookt (~ water)	kokt	['kʊkt]
afkoelen (koeler maken)	att avkyla	[at 'avˌɕylʲa]
afkoelen (koeler worden)	att avkylas	[at 'avˌɕylʲas]
smaak (de)	smak (en)	['smak]
nasmaak (de)	bismak (en)	['bismak]
volgen een dieet	att vara på diet	[at 'vara pɔ di'et]
dieet (het)	diet (en)	[di'et]
vitamine (de)	vitamin (ett)	[vita'min]
calorie (de)	kalori (en)	[kalʲɔ'riː]
vegetariër (de)	vegetarian (en)	[vegetiri'an]
vegetarisch (bn)	vegetarisk	[vege'tarisk]
vetten (mv.)	fett (ett)	['fɛt]
eiwitten (mv.)	proteiner (pl)	[prote'iːnər]
koolhydraten (mv.)	kolhydrater (pl)	['kɔlʲhyˌdratər]
snede (de)	skiva (en)	['ɧiva]
stuk (bijv. een ~ taart)	bit (en)	['bit]
kruimel (de)	smula (en)	['smʉlʲa]

51. Bereide gerechten

gerecht (het)	rätt (en)	['rɛt]
keuken (bijv. Franse ~)	kök (ett)	['ɕøːk]
recept (het)	recept (ett)	[re'sɛpt]
portie (de)	portion (en)	[pɔːʈ'ɧʊn]
salade (de)	sallad (en)	['salʲad]
soep (de)	soppa (en)	['sɔpa]
bouillon (de)	buljong (en)	[bu'ljɔŋ]
boterham (de)	smörgås (en)	['smœrˌgɔːs]
spiegelei (het)	stekt ägg (en)	['stɛkt ˌɛg]
hamburger (de)	hamburgare (en)	['hamburgarə]
biefstuk (de)	biffstek (en)	['bifˌstɛk]
garnering (de)	tillbehör (ett)	['tilʲbeˌhør]

spaghetti (de)	spagetti	[spa'gɛti]
aardappelpuree (de)	potatismos (ett)	[pʊ'tatisˌmʊs]
pizza (de)	pizza (en)	['pitsa]
pap (de)	gröt (en)	['grø:t]
omelet (de)	omelett (en)	[ɔmə'lʲet]

gekookt (in water)	kokt	['kʊkt]
gerookt (bn)	rökt	['rœkt]
gebakken (bn)	stekt	['stɛkt]
gedroogd (bn)	torkad	['tɔrkad]
diepvries (bn)	fryst	['frʏst]
gemarineerd (bn)	sylt-	['sylʲt-]

zoet (bn)	söt	['sø:t]
gezouten (bn)	salt	['salʲt]
koud (bn)	kall	['kalʲ]
heet (bn)	het, varm	['het], ['varm]
bitter (bn)	bitter	['bitər]
lekker (bn)	läcker	['lʲɛkər]

koken (in kokend water)	att koka	[at 'kʊka]
bereiden (avondmaaltijd ~)	att laga	[at 'lʲaga]
bakken (ww)	att steka	[at 'steka]
opwarmen (ww)	att värma upp	[at 'væ:rma up]

zouten (ww)	att salta	[at 'salʲta]
peperen (ww)	att peppra	[at 'pepra]
raspen (ww)	att riva	[at 'riva]
schil (de)	skal (ett)	['skalʲ]
schillen (ww)	att skala	[at 'skalʲa]

52. Voedsel

vlees (het)	kött (ett)	['ɕœt]
kip (de)	höna (en)	['hø:na]
kuiken (het)	kyckling (en)	['ɕykliŋ]
eend (de)	anka (en)	['aŋka]
gans (de)	gås (en)	['go:s]
wild (het)	vilt (ett)	['vilʲt]
kalkoen (de)	kalkon (en)	[kalʲ'kʊn]

varkensvlees (het)	fläsk (ett)	['flʲɛsk]
kalfsvlees (het)	kalvkött (en)	['kalʲvˌɕœt]
schapenvlees (het)	lammkött (ett)	['lʲamˌɕœt]
rundvlees (het)	oxkött, nötkött (ett)	['ʊksˌɕœt], ['nø:tˌɕœt]
konijnenvlees (het)	kanin (en)	[ka'nin]

worst (de)	korv (en)	['kɔrv]
saucijs (de)	wienerkorv (en)	['vinɛrˌkɔrv]
spek (het)	bacon (ett)	['bɛjkɔn]
ham (de)	skinka (en)	['ɧiŋka]
gerookte achterham (de)	skinka (en)	['ɧiŋka]
paté, pastei (de)	paté (en)	[pa'te]
lever (de)	lever (en)	['lʲevər]

gehakt (het)	köttfärs (en)	['ɕœt̡fæːʂ]
tong (de)	tunga (en)	['tuŋa]

ei (het)	ägg (ett)	['ɛg]
eieren (mv.)	ägg (pl)	['ɛg]
eiwit (het)	äggvita (en)	['ɛgˌviːta]
eigeel (het)	äggula (en)	['ɛgˌʉːlʲa]

vis (de)	fisk (en)	['fisk]
zeevruchten (mv.)	fisk och skaldjur	['fisk ɔ 'skalʲjʉːr]
schaaldieren (mv.)	kräftdjur (pl)	['krɛftˌjuːr]
kaviaar (de)	kaviar (en)	['kavˌjar]

krab (de)	krabba (en)	['kraba]
garnaal (de)	räka (en)	['rɛːka]
oester (de)	ostron (ett)	['ʊstrʊn]
langoest (de)	languster (en)	[lʲaŋ'gustər]
octopus (de)	bläckfisk (en)	['blʲɛkˌfisk]
inktvis (de)	bläckfisk (en)	['blʲɛkˌfisk]

steur (de)	stör (en)	['støːr]
zalm (de)	lax (en)	['lʲaks]
heilbot (de)	hälleflundra (en)	['hɛlʲeˌflʊndra]

kabeljauw (de)	torsk (en)	['tɔːʂk]
makreel (de)	makrill (en)	['makrilʲ]
tonijn (de)	tonfisk (en)	['tʊnˌfisk]
paling (de)	ål (en)	['oːlʲ]

forel (de)	öring (en)	['øːriŋ]
sardine (de)	sardin (en)	[saː'ɖiːn]
snoek (de)	gädda (en)	['jɛda]
haring (de)	sill (en)	['silʲ]

brood (het)	bröd (ett)	['brøːd]
kaas (de)	ost (en)	['ʊst]
suiker (de)	socker (ett)	['sɔkər]
zout (het)	salt (ett)	['salʲt]

rijst (de)	ris (ett)	['ris]
pasta (de)	pasta (en), makaroner (pl)	['pasta], [maka'rʊnər]
noedels (mv.)	nudlar (pl)	['nʉːdlʲar]

boter (de)	smör (ett)	['smœːr]
plantaardige olie (de)	vegetabilisk olja (en)	[vegeta'bilisk 'ɔlja]
zonnebloemolie (de)	solrosolja (en)	['sʊlʲrʊsˌɔlja]
margarine (de)	margarin (ett)	[marga'rin]

olijven (mv.)	oliver (pl)	[ʊː'livər]
olijfolie (de)	olivolja (en)	[ʊ'livˌɔlja]

melk (de)	mjölk (en)	['mjœlʲk]
gecondenseerde melk (de)	kondenserad mjölk (en)	[kɔndɛn'serad ˌmjœlʲk]
yoghurt (de)	yoghurt (en)	['joːgʉːt]
zure room (de)	gräddfil, syrad grädden (en)	['grɛdfilʲ], [syrad 'gredən]

room (de)	grädde (en)	['grɛdə]
mayonaise (de)	majonnäs (en)	[majɔ'nɛs]
crème (de)	kräm (en)	['krɛm]
graan (het)	gryn (en)	['gryn]
meel (het), bloem (de)	mjöl (ett)	['mjø:lʲ]
conserven (mv.)	konserv (en)	[kɔn'sɛrv]
maïsvlokken (mv.)	cornflakes (pl)	['ko:n̩ˌflɛjks]
honing (de)	honung (en)	['hɔnuŋ]
jam (de)	sylt, marmelad (en)	['sylʲt], [marme'lʲad]
kauwgom (de)	tuggummi (ett)	['tugˌgumi]

53. Drankjes

water (het)	vatten (ett)	['vatən]
drinkwater (het)	dricksvatten (ett)	['driksˌvatən]
mineraalwater (het)	mineralvatten (ett)	[mine'ralʲˌvatən]
zonder gas	icke kolsyrat	['ikə 'kɔlʲˌsyrat]
koolzuurhoudend (bn)	kolsyrat	['kɔlʲˌsyrat]
bruisend (bn)	kolsyrat	['kɔlʲˌsyrat]
IJs (het)	is (en)	['is]
met ijs	med is	[me 'is]
alcohol vrij (bn)	alkoholfri	[alʲkʊ'hɔlʲˌfri:]
alcohol vrije drank (de)	alkoholfri dryck (en)	[alʲkʊ'hɔlʲfri 'drʏk]
frisdrank (de)	läskedryck (en)	['lɛskəˌdrik]
limonade (de)	lemonad (en)	[lʲemɔ'nad]
alcoholische dranken (mv.)	alkoholhaltiga drycker (pl)	[alʲkʊ'hɔlʲˌhalʲtiga 'drʏkər]
wijn (de)	vin (ett)	['vin]
witte wijn (de)	vitvin (ett)	['vitˌvin]
rode wijn (de)	rödvin (ett)	['rø:dˌvin]
likeur (de)	likör (en)	[li'kø:r]
champagne (de)	champagne (en)	[ɧam'panʲ]
vermout (de)	vermouth (en)	['vɛrmut]
whisky (de)	whisky (en)	['viski]
wodka (de)	vodka (en)	['vodka]
gin (de)	gin (ett)	['dʒin]
cognac (de)	konjak (en)	['kɔnʲak]
rum (de)	rom (en)	['rɔm]
koffie (de)	kaffe (ett)	['kafə]
zwarte koffie (de)	svart kaffe (ett)	['sva:ʈ 'kafə]
koffie (de) met melk	kaffe med mjölk (ett)	['kafə me mjœlʲk]
cappuccino (de)	cappuccino (en)	['kaputʃinʊ]
oploskoffie (de)	snabbkaffe (ett)	['snabˌkafə]
melk (de)	mjölk (en)	['mjœlʲk]
cocktail (de)	cocktail (en)	['kɔktɛjlʲ]
milkshake (de)	milkshake (en)	['milʲkˌʃɛjk]

sap (het)	juice (en)	['ju:s]
tomatensap (het)	tomatjuice (en)	[tʊ'mat͜ju:s]
sinaasappelsap (het)	apelsinjuice (en)	[apɛlʲ'sin͜ju:s]
vers geperst sap (het)	nypressad juice (en)	['nʏˌprɛsad 'ju:s]
bier (het)	öl (ett)	['ø:lʲ]
licht bier (het)	ljust öl (ett)	['jɵ:stˌø:lʲ]
donker bier (het)	mörkt öl (ett)	['mœ:rktˌø:lʲ]
thee (de)	te (ett)	['te:]
zwarte thee (de)	svart te (ett)	['sva:tˌte:]
groene thee (de)	grönt te (ett)	['grœnt te:]

54. Groenten

groenten (mv.)	grönsaker (pl)	['grø:nˌsakər]
verse kruiden (mv.)	grönsaker (pl)	['grø:nˌsakər]
tomaat (de)	tomat (en)	[tʊ'mat]
augurk (de)	gurka (en)	['gurka]
wortel (de)	morot (en)	['mʊˌrʊt]
aardappel (de)	potatis (en)	[pʊ'tatis]
ui (de)	lök (en)	['lʲø:k]
knoflook (de)	vitlök (en)	['vitˌlʲø:k]
kool (de)	kål (en)	['ko:lʲ]
bloemkool (de)	blomkål (en)	['blʲumˌko:lʲ]
spruitkool (de)	brysselkål (en)	['brʏsɛlʲˌko:lʲ]
broccoli (de)	broccoli (en)	['brɔkɔli]
rode biet (de)	rödbeta (en)	['rø:dˌbeta]
aubergine (de)	aubergine (en)	[ɔbɛr'ʒin]
courgette (de)	squash, zucchini (en)	['skvɔ:ɕ], [su'kini]
pompoen (de)	pumpa (en)	['pumpa]
raap (de)	rova (en)	['rʊva]
peterselie (de)	persilja (en)	[pɛ'ʂilja]
dille (de)	dill (en)	['dilʲ]
sla (de)	sallad (en)	['salʲad]
selderij (de)	selleri (en)	['sɛlʲeri]
asperge (de)	sparris (en)	['sparis]
spinazie (de)	spenat (en)	[spe'nat]
erwt (de)	ärter (pl)	['æ:ʈər]
bonen (mv.)	bönor (pl)	['bønʊr]
maïs (de)	majs (en)	['majs]
boon (de)	böna (en)	['bøna]
peper (de)	peppar (en)	['pɛpar]
radijs (de)	rädisa (en)	['rɛ:disa]
artisjok (de)	kronärtskocka (en)	['krʊnæːtˌskɔka]

55. Vruchten. Noten

vrucht (de)	frukt (en)	['frʉkt]
appel (de)	äpple (ett)	['ɛplʲe]
peer (de)	päron (ett)	['pæːrɔn]
citroen (de)	citron (en)	[si'trʊn]
sinaasappel (de)	apelsin (en)	[apɛlʲ'sin]
aardbei (de)	jordgubbe (en)	['jʉːd̪ˌgubə]
mandarijn (de)	mandarin (en)	[manda'rin]
pruim (de)	plommon (ett)	['plʲumɔn]
perzik (de)	persika (en)	['pɛʂika]
abrikoos (de)	aprikos (en)	[apri'kʊs]
framboos (de)	hallon (ett)	['halʲɔn]
ananas (de)	ananas (en)	['ananas]
banaan (de)	banan (en)	['banan]
watermeloen (de)	vattenmelon (en)	['vatənˌme'lʲʊn]
druif (de)	druva (en)	['drʉːva]
zure kers (de)	körsbär (ett)	['ɕøːʂˌbæːr]
zoete kers (de)	fågelbär (ett)	['foːgəlʲˌbæːr]
meloen (de)	melon (en)	[me'lʲʊn]
grapefruit (de)	grapefrukt (en)	['grɛjpˌfrʉkt]
avocado (de)	avokado (en)	[avɔ'kadʊ]
papaja (de)	papaya (en)	[pa'paja]
mango (de)	mango (en)	['maŋgʊ]
granaatappel (de)	granatäpple (en)	[gra'natˌɛplʲe]
rode bes (de)	röda vinbär (ett)	['røːda 'vinbæːr]
zwarte bes (de)	svarta vinbär (ett)	['svaːʈa 'vinbæːr]
kruisbes (de)	krusbär (ett)	['krʉːsˌbæːr]
bosbes (de)	blåbär (ett)	['blʲoːˌbæːr]
braambes (de)	björnbär (ett)	['bjøːɳˌbæːr]
rozijn (de)	russin (ett)	['rusin]
vijg (de)	fikon (ett)	['fikɔn]
dadel (de)	dadel (en)	['dadəlʲ]
pinda (de)	jordnöt (en)	['jʉːd̪ˌnøːt]
amandel (de)	mandel (en)	['mandəlʲ]
walnoot (de)	valnöt (en)	['valʲˌnøːt]
hazelnoot (de)	hasselnöt (en)	['hasəlʲˌnøːt]
kokosnoot (de)	kokosnöt (en)	['kʊkʊsˌnøːt]
pistaches (mv.)	pistaschnötter (pl)	['pistaʃˌnœtər]

56. Brood. Snoep

suikerbakkerij (de)	konditorivaror (pl)	[kɔndituˈriːˌvarʊr]
brood (het)	bröd (ett)	['brøːd]
koekje (het)	småkakor (pl)	['smoːkakʊr]
chocolade (de)	choklad (en)	[ʃɔk'lʲad]
chocolade- (abn)	choklad-	[ʃɔk'lʲad-]

snoepje (het)	konfekt, karamell (en)	[kɔnˈfɛkt], [karaˈmɛlʲ]
cakeje (het)	kaka, bakelse (en)	[ˈkaka], [ˈbakəlʲsə]
taart (bijv. verjaardags~)	tårta (en)	[ˈtoːta]
pastei (de)	paj (en)	[ˈpaj]
vulling (de)	fyllning (en)	[ˈfylʲniŋ]
confituur (de)	sylt (en)	[ˈsylʲt]
marmelade (de)	marmelad (en)	[marmeˈlʲad]
wafel (de)	våffle (en)	[ˈvɔflʲe]
IJsje (het)	glass (en)	[ˈglʲas]
pudding (de)	pudding (en)	[ˈpudiŋ]

57. Kruiden

zout (het)	salt (ett)	[ˈsalʲt]
gezouten (bn)	salt	[ˈsalʲt]
zouten (ww)	att salta	[at ˈsalʲta]
zwarte peper (de)	svartpeppar (en)	[ˈsvaːtˌpɛpar]
rode peper (de)	rödpeppar (en)	[ˈrøːdˌpɛpar]
mosterd (de)	senap (en)	[ˈseːnap]
mierikswortel (de)	pepparrot (en)	[ˈpɛpaˌrʊt]
condiment (het)	krydda (en)	[ˈkrʏda]
specerij, kruiderij (de)	krydda (en)	[ˈkrʏda]
saus (de)	sås (en)	[ˈsoːs]
azijn (de)	ättika (en)	[ˈætika]
anijs (de)	anis (en)	[ˈanis]
basilicum (de)	basilika (en)	[baˈsilika]
kruidnagel (de)	nejlika (en)	[ˈnɛjlika]
gember (de)	ingefära (en)	[ˈiŋəˌfæːra]
koriander (de)	koriander (en)	[kɔriˈandər]
kaneel (de/het)	kanel (en)	[kaˈnelʲ]
sesamzaad (het)	sesam (en)	[ˈsesam]
laurierblad (het)	lagerblad (ett)	[ˈlʲagərˌblʲad]
paprika (de)	paprika (en)	[ˈpaprika]
komijn (de)	kummin (en)	[ˈkumin]
saffraan (de)	saffran (en)	[ˈsafran]

PERSOONLIJKE INFORMATIE. FAMILIE

58. Persoonlijke informatie. Formulieren

naam (de)	namn (ett)	['namn]
achternaam (de)	efternamn (ett)	['ɛftəˌnamn]
geboortedatum (de)	födelsedatum (ett)	['fø:delˡsəˌdatum]
geboorteplaats (de)	födelseort (en)	['fø:delˡsəˌɔ:t]
nationaliteit (de)	nationalitet (en)	[natʂʉnali'tet]
woonplaats (de)	bostadsort (en)	['bostadsˌɔ:t]
land (het)	land (ett)	['lˡand]
beroep (het)	yrke (ett), profession (en)	['yrkə], [prɔfe'ɧʉn]
geslacht (ov. het vrouwelijk ~)	kön (ett)	['ɕø:n]
lengte (de)	höjd (en)	['hœjd]
gewicht (het)	vikt (en)	['vikt]

59. Familieleden. Verwanten

moeder (de)	mor (en)	['mʉr]
vader (de)	far (en)	['far]
zoon (de)	son (en)	['sɔn]
dochter (de)	dotter (en)	['dɔtər]
jongste dochter (de)	yngsta dotter (en)	['yŋsta 'dɔtər]
jongste zoon (de)	yngste son (en)	['yŋstə sɔn]
oudste dochter (de)	äldsta dotter (en)	['ɛlˡsta 'dɔtər]
oudste zoon (de)	äldste son (en)	['ɛlˡstə 'sɔn]
broer (de)	bror (en)	['brʉr]
oudere broer (de)	storebror (en)	['stʉrəˌbrʉr]
jongere broer (de)	lillebror (en)	['lilˡeˌbrʉr]
zuster (de)	syster (en)	['systər]
oudere zuster (de)	storasyster (en)	['stʉraˌsystər]
jongere zuster (de)	lillasyster (en)	['lilˡaˌsystər]
neef (zoon van oom, tante)	kusin (en)	[kʉ'si:n]
nicht (dochter van oom, tante)	kusin (en)	[kʉ'si:n]
mama (de)	mamma (en)	['mama]
papa (de)	pappa (en)	['papa]
ouders (mv.)	föräldrar (pl)	[førˈɛlˡdrar]
kind (het)	barn (ett)	['ba:n]
kinderen (mv.)	barn (pl)	['ba:n]
oma (de)	mormor, farmor (en)	['mʉrmʉr], ['farmʉr]
opa (de)	morfar, farfar (en)	['mʉrfar], ['farfar]

kleinzoon (de)	barnbarn (ett)	['baːn̪baːn̪]
kleindochter (de)	barnbarn (ett)	['baːn̪baːn̪]
kleinkinderen (mv.)	barnbarn (pl)	['baːn̪baːn̪]

oom (de)	farbror, morbror (en)	['farˌbrʊr], ['mʊrˌbrʊr]
tante (de)	faster, moster (en)	['fastər], ['mʊstər]
neef (zoon van broer, zus)	brorson, systerson (en)	['brʊrˌsɔn], ['sʏstəˌsɔn]
nicht (dochter van broer ,zus)	brorsdotter, systerdotter (en)	['brʊːṣˌdɔtər], ['sʏstəˌdɔtər]

schoonmoeder (de)	svärmor (en)	['svæːrˌmʊr]
schoonvader (de)	svärfar (en)	['svæːrˌfar]
schoonzoon (de)	svärson (en)	['svæːˌṣɔn]
stiefmoeder (de)	styvmor (en)	['stʏvˌmʊr]
stiefvader (de)	styvfar (en)	['stʏvˌfar]

zuigeling (de)	spädbarn (ett)	['spɛːdˌbaːn̪]
wiegenkind (het)	spädbarn (ett)	['spɛːdˌbaːn̪]
kleuter (de)	baby, bäbis (en)	['bɛːbi], ['bɛːbis]

vrouw (de)	hustru (en)	['hʉstrʉ]
man (de)	man (en)	['man]
echtgenoot (de)	make, äkta make (en)	['makə], ['ɛkta ˌmakə]
echtgenote (de)	hustru (en)	['hʉstrʉ]

gehuwd (mann.)	gift	['jift]
gehuwd (vrouw.)	gift	['jift]
ongehuwd (mann.)	ogift	[ʊː'jift]
vrijgezel (de)	ungkarl (en)	['ʉŋˌkar]
gescheiden (bn)	frånskild	['froːnˌɧilʲd]
weduwe (de)	änka (en)	['ɛŋka]
weduwnaar (de)	änkling (en)	['ɛŋkliŋ]

familielid (het)	släkting (en)	['slʲɛktiŋ]
dichte familielid (het)	nära släkting (en)	['næːra 'slʲɛktiŋ]
verre familielid (het)	fjärran släkting (en)	['fjæːran 'slʲɛktiŋ]
familieleden (mv.)	släktingar (pl)	['slʲɛktiŋar]

wees (de), weeskind (het)	föräldralöst barn (ett)	[førˈɛlʲdralʲœst 'baːn̪]
voogd (de)	förmyndare (en)	['førˌmʏndarə]
adopteren (een jongen te ~)	att adoptera	[at adɔp'tera]
adopteren (een meisje te ~)	att adoptera	[at adɔp'tera]

60. Vrienden. Collega's

vriend (de)	vän (en)	['vɛːn]
vriendin (de)	väninna (en)	[vɛːˈnina]
vriendschap (de)	vänskap (en)	['vɛnˌskap]
bevriend zijn (ww)	att vara vänner	[at 'vara 'vɛnər]

makker (de)	vän (en)	['vɛːn]
vriendin (de)	väninna (en)	[vɛːˈnina]
partner (de)	partner (en)	['paːʈnər]
chef (de)	chef (en)	['ɧef]

baas (de)	överordnad (en)	['ø:vər‚ɔ:dnat]
eigenaar (de)	ägare (en)	['ɛ:garə]
ondergeschikte (de)	underordnad (en)	['undər‚ɔ:dnat]
collega (de)	kollega (en)	[kɔ'lʲe:ga]
kennis (de)	bekant (en)	[be'kant]
medereiziger (de)	resekamrat (en)	['resə‚kam'rat]
klasgenoot (de)	klasskamrat (en)	['klʲas‚kam'rat]
buurman (de)	granne (en)	['granə]
buurvrouw (de)	granne (en)	['granə]
buren (mv.)	grannar (pl)	['granar]

MENSELIJK LICHAAM. GENEESKUNDE

61. Hoofd

hoofd (het)	huvud (ett)	['hʉːvʉd]
gezicht (het)	ansikte (ett)	['ansiktə]
neus (de)	näsa (en)	['nɛːsa]
mond (de)	mun (en)	['muːn]

oog (het)	öga (ett)	['øːga]
ogen (mv.)	ögon (pl)	['øːgɔn]
pupil (de)	pupill (en)	[pʉ'pilʲ]
wenkbrauw (de)	ögonbryn (ett)	['øːgɔn‚bryn]
wimper (de)	ögonfrans (en)	['øːgɔn‚frans]
ooglid (het)	ögonlock (ett)	['øːgɔn‚lʲɔk]

tong (de)	tunga (en)	['tuŋa]
tand (de)	tand (en)	['tand]
lippen (mv.)	läppar (pl)	['lʲɛpar]
jukbeenderen (mv.)	kindben (pl)	['ɕind‚beːn]
tandvlees (het)	tandkött (ett)	['tand‚ɕœt]
gehemelte (het)	gom (en)	['gʊm]

neusgaten (mv.)	näsborrar (pl)	['nɛːs‚bɔrar]
kin (de)	haka (en)	['haka]
kaak (de)	käke (en)	['ɕɛːkə]
wang (de)	kind (en)	['ɕind]

voorhoofd (het)	panna (en)	['pana]
slaap (de)	tinning (en)	['tiniŋ]
oor (het)	öra (ett)	['øːra]
achterhoofd (het)	nacke (en)	['nakə]
hals (de)	hals (en)	['halʲs]
keel (de)	strupe, hals (en)	['strupə], ['halʲs]

haren (mv.)	hår (pl)	['hoːr]
kapsel (het)	frisyr (en)	[fri'syr]
haarsnit (de)	klippning (en)	['klipniŋ]
pruik (de)	peruk (en)	[pe'rʉːk]

snor (de)	mustasch (en)	[mʉ'staːʃ]
baard (de)	skägg (ett)	['ɧɛg]
dragen (een baard, enz.)	att ha	[at 'ha]
vlecht (de)	fläta (en)	['flʲɛːta]
bakkebaarden (mv.)	polisonger (pl)	[poli'sɔŋər]

ros (roodachtig, rossig)	rödhårig	['røːd‚hoːrig]
grijs (~ haar)	grå	['groː]
kaal (bn)	skallig	['skalig]
kale plek (de)	flint (en)	['flint]

| paardenstaart (de) | hästsvans (en) | ['hɛstˌsvans] |
| pony (de) | lugg, pannlugg (en) | [lʉg], ['panˌlʉg] |

62. Menselijk lichaam

| hand (de) | hand (en) | ['hand] |
| arm (de) | arm (en) | ['arm] |

vinger (de)	finger (ett)	['fiŋər]
teen (de)	tå (en)	['to:]
duim (de)	tumme (en)	['tumə]
pink (de)	lillfinger (ett)	['lilʲˌfiŋər]
nagel (de)	nagel (en)	['nagəlʲ]

vuist (de)	knytnäve (en)	['knʏtˌnɛ:və]
handpalm (de)	handflata (en)	['handˌflʲata]
pols (de)	handled (en)	['handˌlʲed]
voorarm (de)	underarm (en)	['undərˌarm]
elleboog (de)	armbåge (en)	['armˌbo:gə]
schouder (de)	skuldra (en)	['skʉlʲdra]

been (rechter ~)	ben (ett)	['be:n]
voet (de)	fot (en)	['fʊt]
knie (de)	knä (ett)	['knɛ:]
kuit (de)	vad (ett)	['vad]
heup (de)	höft (en)	['hœft]
hiel (de)	häl (en)	['hɛ:lʲ]

lichaam (het)	kropp (en)	['krɔp]
buik (de)	mage (en)	['magə]
borst (de)	bröst (ett)	['brœst]
borst (de)	bröst (ett)	['brœst]
zijde (de)	sida (en)	['sida]
rug (de)	rygg (en)	['rʏg]
lage rug (de)	ländrygg (en)	['lʲɛndˌrʏg]
taille (de)	midja (en)	['midja]

navel (de)	navel (en)	['navəlʲ]
billen (mv.)	stjärtar, skinkor (pl)	['ɧæ:ˌtar], ['ɧiŋkʊr]
achterwerk (het)	bak (en)	['bak]

huidvlek (de)	leverfläck (ett)	['lʲevərˌflɛk]
moedervlek (de)	födelsemärke (ett)	['fø:dəlʲsəˌmæ:rkə]
tatoeage (de)	tatuering (en)	[tatʉ'eriŋ]
litteken (het)	ärr (ett)	['ær]

63. Ziekten

ziekte (de)	sjukdom (en)	['ɧʉ:kˌdʊm]
ziek zijn (ww)	att vara sjuk	[at 'vara 'ɧʉ:k]
gezondheid (de)	hälsa, sundhet (en)	['hɛlʲsa], ['sundˌhet]
snotneus (de)	snuva (en)	['snʉ:va]

angina (de)	halsfluss, angina (en)	['halʲsˌflʉs], [aŋ'gina]
verkoudheid (de)	förkylning (en)	[før'ɕylʲniŋ]
verkouden raken (ww)	att bli förkyld	[at bli før'ɕylʲd]
bronchitis (de)	bronkit (en)	[brɔŋ'kit]
longontsteking (de)	lunginflammation (en)	['lʉŋˌinflʲama'ɦʊn]
griep (de)	influensa (en)	[inflʉ'ɛnsa]
bijziend (bn)	närsynt	['næːˌsynt]
verziend (bn)	långsynt	['lʲɔŋˌsynt]
scheelheid (de)	skelögdhet (en)	['ɦelʲøgdˌhet]
scheel (bn)	skelögd	['ɦelʲˌøgd]
grauwe staar (de)	grå starr (en)	['groː 'star]
glaucoom (het)	grön starr (en)	['grøːn 'star]
beroerte (de)	stroke (en), hjärnslag (ett)	['stroːk], ['jæːnˌslʲag]
hartinfarct (het)	infarkt (en)	[in'farkt]
myocardiaal infarct (het)	hjärtinfarkt (en)	['jæːʈ in'farkt]
verlamming (de)	förlamning (en)	[fœː'lʲamniŋ]
verlammen (ww)	att förlama	[at fœː'lʲama]
allergie (de)	allergi (en)	[alʲer'gi]
astma (de/het)	astma (en)	['astma]
diabetes (de)	diabetes (en)	[dia'betəs]
tandpijn (de)	tandvärk (en)	['tandˌvæːrk]
tandbederf (het)	karies (en)	['karies]
diarree (de)	diarré (en)	[dia'reː]
constipatie (de)	förstoppning (en)	[fœː'ʂtɔpniŋ]
maagstoornis (de)	magbesvär (ett)	['magˌbe'svɛːr]
voedselvergiftiging (de)	matförgiftning (en)	['matˌfør'jiftniŋ]
voedselvergiftiging oplopen	att få matförgiftning	[at foː 'matˌfør'jiftniŋ]
artritis (de)	artrit (en)	[a'ʈrit]
rachitis (de)	rakitis (en)	[ra'kitis]
reuma (het)	reumatism (en)	[revma'tism]
arteriosclerose (de)	åderförkalkning (en)	['oːdɛrførˌkalʲkniŋ]
gastritis (de)	gastrit (en)	[ga'strit]
blindedarmontsteking (de)	appendicit (en)	[apɛndi'sit]
galblaasontsteking (de)	cholecystit (en)	[holəsys'tit]
zweer (de)	magsår (ett)	['magˌsoːr]
mazelen (mv.)	mässling (en)	['mɛsˌliŋ]
rodehond (de)	röda hund (en)	['røːda 'hund]
geelzucht (de)	gulsot (en)	['gʉːlʲˌsʊt]
leverontsteking (de)	hepatit (en)	[hepa'tit]
schizofrenie (de)	schizofreni (en)	[skitsɔfre'niː]
dolheid (de)	rabies (en)	['rabies]
neurose (de)	neuros (en)	[nev'rɔs]
hersenschudding (de)	hjärnskakning (en)	['jæːnˌskakniŋ]
kanker (de)	cancer (en)	['kansər]
sclerose (de)	skleros (en)	[sklʲe'rɔs]

multiple sclerose (de)	multipel skleros (en)	[mɵlʲ'tipəlʲ sklʲe'rɔs]
alcoholisme (het)	alkoholism (en)	[alʲkʊhɔ'lizm]
alcoholicus (de)	alkoholist (en)	[alʲkʊhɔ'list]
syfilis (de)	syfilis (en)	['syfilis]
AIDS (de)	AIDS	['ɛjds]

tumor (de)	tumör (en)	[tɵ'mø:r]
kwaadaardig (bn)	elakartad	['ɛlʲakˌa:ʈad]
goedaardig (bn)	godartad	['gʊdˌa:ʈad]

koorts (de)	feber (en)	['febər]
malaria (de)	malaria (en)	[ma'lʲaria]
gangreen (het)	kallbrand (en)	['kalʲˌbrand]
zeeziekte (de)	sjösjuka (en)	['ɧø:ˌɧɵ:ka]
epilepsie (de)	epilepsi (en)	[epilʲep'si:]

epidemie (de)	epidemi (en)	[ɛpide'mi:]
tyfus (de)	tyfus (en)	['tyfɵs]
tuberculose (de)	tuberkulos (en)	[tɵbɛrkɵ'lʲɔs]
cholera (de)	kolera (en)	['kʊlʲera]
pest (de)	pest (en)	['pɛst]

64. Symptomen. Behandelingen. Deel 1

symptoom (het)	symptom (ett)	[sʏmp'tɔm]
temperatuur (de)	temperatur (en)	[tɛmpəra'tɵ:r]
verhoogde temperatuur (de)	hög temperatur (en)	['hø:g tɛmpəra'tɵ:r]
polsslag (de)	puls (en)	['pulʲs]

duizeling (de)	yrsel, svindel (en)	['y:ʂəlʲ], ['svindəlʲ]
heet (erg warm)	varm	['varm]
koude rillingen (mv.)	rysning (en)	['rʏsniŋ]
bleek (bn)	blek	['blʲek]

hoest (de)	hosta (en)	['hʊsta]
hoesten (ww)	att hosta	[at 'hʊsta]
niezen (ww)	att nysa	[at 'nysa]
flauwte (de)	svimning (en)	['svimniŋ]
flauwvallen (ww)	att svimma	[at 'svima]

blauwe plek (de)	blåmärke (ett)	['blʲo:ˌmæ:rkə]
buil (de)	bula (en)	['bɵ:lʲa]
zich stoten (ww)	att slå sig	[at 'slʲo: sɛj]
kneuzing (de)	blåmärke (ett)	['blʲo:ˌmæ:rkə]
kneuzen (gekneusd zijn)	att slå sig	[at 'slʲo: sɛj]

hinken (ww)	att halta	[at 'halʲta]
verstuiking (de)	vrickning (en)	['vrikniŋ]
verstuiken (enkel, enz.)	att förvrida	[at før'vrida]
breuk (de)	brott (ett), fraktur (en)	['brɔt], [frak'tɵ:r]
een breuk oplopen	att få en fraktur	[at fo: en frak'tɵ:r]

| snijwond (de) | skärsår (ett) | ['ɧæ:ˌʂo:r] |
| zich snijden (ww) | att skära sig | [at 'ɧæ:ra sɛj] |

bloeding (de)	blödning (en)	['blʲœdniŋ]
brandwond (de)	brännsår (ett)	['brɛnˌsoːr]
zich branden (ww)	att bränna sig	[at 'brɛna sɛj]

prikken (ww)	att sticka	[at 'stika]
zich prikken (ww)	att sticka sig	[at 'stika sɛj]
blesseren (ww)	att skada	[at 'skada]
blessure (letsel)	skada (en)	['skada]
wond (de)	sår (ett)	['soːr]
trauma (het)	trauma (en)	['travma]

IJlen (ww)	att tala i feberyra	[at 'talʲa i 'feberyra]
stotteren (ww)	att stamma	[at 'stama]
zonnesteek (de)	solsting (ett)	['sʊlʲˌstiŋ]

65. Symptomen. Behandelingen. Deel 2

| pijn (de) | värk, smärta (en) | ['væːrk], ['smɛta] |
| splinter (de) | sticka (en) | ['stika] |

zweet (het)	svett (en)	['svɛt]
zweten (ww)	att svettas	[at 'svɛtas]
braking (de)	kräkning (en)	['krɛkniŋ]
stuiptrekkingen (mv.)	kramper (pl)	['krampər]

zwanger (bn)	gravid	[gra'vid]
geboren worden (ww)	att födas	[at 'føːdas]
geboorte (de)	förlossning (en)	[fœːˈlʲɔsniŋ]
baren (ww)	att föda	[at 'føːda]
abortus (de)	abort (en)	[aˈbɔːt]

ademhaling (de)	andning (en)	['andniŋ]
inademing (de)	inandning (en)	['inˌandniŋ]
uitademing (de)	utandning (en)	['ʉtˌandniŋ]
uitademen (ww)	att andas ut	[at 'andas ʉt]
inademen (ww)	att andas in	[at 'andas in]

invalide (de)	handikappad person (en)	['handiˌkapad pɛ'ʂʊn]
gehandicapte (de)	krympling (en)	['krʏmpliŋ]
drugsverslaafde (de)	narkoman (en)	[narkʊ'man]

doof (bn)	döv	['døːv]
stom (bn)	stum	['stuːm]
doofstom (bn)	dövstum	['døːvˌstuːm]

krankzinnig (bn)	mentalsjuk, galen	['mental'ɧʉːk], ['galʲen]
krankzinnige (man)	dåre, galning (en)	['doːrə], ['galʲniŋ]
krankzinnige (vrouw)	dåre, galning (en)	['doːrə], ['galʲniŋ]
krankzinnig worden	att bli sinnessjuk	[at bli 'sinɛsˌɧʉːk]

gen (het)	gen (en)	['jen]
immuniteit (de)	immunitet (en)	[imʉniˈteːt]
erfelijk (bn)	ärftlig	['æːrftlig]
aangeboren (bn)	medfödd	['medˌfœd]

virus (het)	virus (ett)	['viːrɵs]
microbe (de)	mikrob (en)	[mi'krɔb]
bacterie (de)	bakterie (en)	[bak'teriə]
infectie (de)	infektion (en)	[infɛk'ʃʊn]

66. Symptomen. Behandelingen. Deel 3

| ziekenhuis (het) | sjukhus (ett) | ['ʃɵːkˌhɵs] |
| patiënt (de) | patient (en) | [pasi'ent] |

diagnose (de)	diagnos (en)	[dia'gnɔs]
genezing (de)	kur (en)	['kɵːr]
medische behandeling (de)	behandling (en)	[be'handliŋ]
onder behandeling zijn	att bli behandlad	[at bli be'handlʲad]
behandelen (ww)	att behandla	[at be'handlʲa]
zorgen (zieken ~)	att sköta	[at 'ʃøːta]
ziekenzorg (de)	vård (en)	['voːd]

operatie (de)	operation (en)	[ɔpera'ʃʊn]
verbinden (een arm ~)	att förbinda	[at før'binda]
verband (het)	förbindning (en)	[før'bindniŋ]

vaccin (het)	vaccination (en)	[vaksina'ʃʊn]
inenten (vaccineren)	att vaksinera	[at vaksi'nera]
injectie (de)	injektion (en)	[injɛk'ʃʊn]
een injectie geven	att ge en spruta	[at jeː en 'sprɵta]

aanval (de)	anfall (ett), attack (en)	['anfalʲ], [a'tak]
amputatie (de)	amputation (en)	[ampɵta'ʃʊn]
amputeren (ww)	att amputera	[at ampɵ'tera]
coma (het)	koma (ett)	['kɔma]
in coma liggen	att ligga i koma	[at 'liga i 'kɔma]
intensieve zorg, ICU (de)	intensivavdelning (en)	[intɛn'sivˌav'delʲniŋ]

zich herstellen (ww)	att återhämta sig	[at 'oːterˌhɛmta sɛj]
toestand (de)	tillstånd (ett)	['tilʲˌstɔnd]
bewustzijn (het)	medvetande (ett)	['medˌvetandə]
geheugen (het)	minne (ett)	['minə]

trekken (een kies ~)	att dra ut	[at 'dra ɵt]
vulling (de)	plomb (en)	['plʲɔmb]
vullen (ww)	att plombera	[at plʲɔm'bera]

| hypnose (de) | hypnos (en) | [hʏp'nɔs] |
| hypnotiseren (ww) | att hypnotisera | [at 'hʏpnɔtiˌsera] |

67. Geneeskunde. Medicijnen. Accessoires

geneesmiddel (het)	medicin (en)	[medi'sin]
middel (het)	medel (ett)	['medəlʲ]
voorschrijven (ww)	att ordinera	[at oːdi'nera]
recept (het)	recept (ett)	[re'sɛpt]

Nederlands	Zweeds	Uitspraak
tablet (de/het)	tablett (en)	[tab'lʲet]
zalf (de)	salva (en)	['salʲva]
ampul (de)	ampull (en)	[am'pulʲ]
drank (de)	mixtur (en)	[miks'tɯ:r]
siroop (de)	sirap (en)	['sirap]
pil (de)	piller (ett)	['pilʲer]
poeder (de/het)	pulver (ett)	['pulʲvər]
verband (het)	gasbinda (en)	['gas‚binda]
watten (mv.)	vadd (en)	['vad]
jodium (het)	jod (en)	['jʊd]
pleister (de)	plåster (ett)	['plʲɔstər]
pipet (de)	pipett (en)	[pi'pɛt]
thermometer (de)	termometer (en)	[tɛrmʊ'metər]
spuit (de)	spruta (en)	['sprɯta]
rolstoel (de)	rullstol (en)	['rɯlʲ‚stʊlʲ]
krukken (mv.)	kryckor (pl)	['krʏkʊr]
pijnstiller (de)	smärtstillande medel (ett)	['smæ:t‚stilʲande 'medəlʲ]
laxeermiddel (het)	laxermedel (ett)	['lʲaksər 'medəlʲ]
spiritus (de)	sprit (en)	['sprit]
medicinale kruiden (mv.)	läkeväxter (pl)	['lʲɛkə‚vɛkstər]
kruiden- (abn)	ört-	['ø:t-]

APPARTEMENT

68. Appartement

appartement (het)	lägenhet (en)	['lʲeːgənˌhet]
kamer (de)	rum (ett)	['ruːm]
slaapkamer (de)	sovrum (ett)	['sɔvˌrum]
eetkamer (de)	matsal (en)	['matsalʲ]
salon (de)	vardagsrum (ett)	['vaːdasˌrum]
studeerkamer (de)	arbetsrum (ett)	['arbetsˌrum]
gang (de)	entréhall (en)	[ɛntreːhalʲ]
badkamer (de)	badrum (ett)	['badˌruːm]
toilet (het)	toalett (en)	[tʊaˈlʲet]
plafond (het)	tak (ett)	['tak]
vloer (de)	golv (ett)	['gɔlʲv]
hoek (de)	hörn (ett)	['høːn]

69. Meubels. Interieur

meubels (mv.)	möbel (en)	['møːbəlʲ]
tafel (de)	bord (ett)	['buːd]
stoel (de)	stol (en)	['stʊlʲ]
bed (het)	säng (en)	['sɛŋ]
bankstel (het)	soffa (en)	['sɔfa]
fauteuil (de)	fåtölj, länstol (en)	[foːˈtœlj], ['lɛnˌstʊlʲ]
boekenkast (de)	bokhylla (en)	['bʊkˌhylʲa]
boekenrek (het)	hylla (en)	['hylʲa]
kledingkast (de)	garderob (en)	[gaːdəˈrɔːb]
kapstok (de)	knagg (en)	['knag]
staande kapstok (de)	klädhängare (en)	['klʲɛdˌhɛŋarə]
commode (de)	byrå (en)	['byroː]
salontafeltje (het)	soffbord (ett)	['sɔfˌbuːd]
spiegel (de)	spegel (en)	['spegəlʲ]
tapijt (het)	matta (en)	['mata]
tapijtje (het)	liten matta (en)	['litən 'mata]
haard (de)	kamin (en), eldstad (ett)	[kaˈmin], ['ɛlʲdˌstad]
kaars (de)	ljus (ett)	['jʉːs]
kandelaar (de)	ljusstake (en)	['jʉːsˌstakə]
gordijnen (mv.)	gardiner (pl)	[gaːˈdinər]
behang (het)	tapet (en)	[taˈpet]

jaloezie (de)	persienn (en)	[pɛ'sjen]
bureaulamp (de)	bordslampa (en)	['buː.ds̩ˌlʲampa]
wandlamp (de)	vägglampa (en)	['vɛgˌlʲampa]
staande lamp (de)	golvlampa (en)	['golʲvˌlʲampa]
luchter (de)	ljuskrona (en)	['jʉːsˌkrʊna]

poot (ov. een tafel, enz.)	ben (ett)	['beːn]
armleuning (de)	armstöd (ett)	['armˌstøːd]
rugleuning (de)	rygg (en)	['rʏg]
la (de)	låda (en)	['lʲoːda]

70. Beddengoed

beddengoed (het)	sängkläder (pl)	['sɛŋˌklʲɛːdər]
kussen (het)	kudde (en)	['kudə]
kussenovertrek (de)	örngott (ett)	['øːn̩ˌgɔt]
deken (de)	duntäcke (ett)	['dʉːnˌtɛkə]
laken (het)	lakan (ett)	['lʲakan]
sprei (de)	överkast (ett)	['øːvəˌkast]

71. Keuken

keuken (de)	kök (ett)	['ɕøːk]
gas (het)	gas (en)	['gas]
gasfornuis (het)	gasspis (en)	['gasˌspis]
elektrisch fornuis (het)	elektrisk spis (en)	[ɛ'lʲektrisk ˌspis]
oven (de)	bakugn (en)	['bakˌugn]
magnetronoven (de)	mikrovågsugn (en)	['mikrʊvɔgsˌugn]

koelkast (de)	kylskåp (ett)	['ɕylʲˌskoːp]
diepvriezer (de)	frys (en)	['frys]
vaatwasmachine (de)	diskmaskin (en)	['diskˌma'ɧiːn]

vleesmolen (de)	köttkvarn (en)	['ɕœtˌkvaːɳ]
vruchtenpers (de)	juicepress (en)	['juːsˌprɛs]
toaster (de)	brödrost (en)	['brøːdˌrost]
mixer (de)	mixer (en)	['miksər]

koffiemachine (de)	kaffebryggare (en)	['kafəˌbrʏgarə]
koffiepot (de)	kaffekanna (en)	['kafəˌkana]
koffiemolen (de)	kaffekvarn (en)	['kafəˌkvaːɳ]

fluitketel (de)	tekittel (en)	['teˌɕitəlʲ]
theepot (de)	tekanna (en)	['teˌkana]
deksel (de/het)	lock (ett)	['lʲɔk]
theezeefje (het)	tesil (en)	['teˌsilʲ]

lepel (de)	sked (en)	['ɧed]
theelepeltje (het)	tesked (en)	['teˌɧed]
eetlepel (de)	matsked (en)	['matˌɧed]
vork (de)	gaffel (en)	['gafəlʲ]
mes (het)	kniv (en)	['kniv]

vaatwerk (het)	servis (en)	[sɛr'vis]
bord (het)	tallrik (en)	['talʲrik]
schoteltje (het)	tefat (ett)	['te‚fat]
likeurglas (het)	shotglas (ett)	['ʃot‚glʲas]
glas (het)	glas (ett)	['glʲas]
kopje (het)	kopp (en)	['kop]
suikerpot (de)	sockerskål (en)	['sɔkə:‚ṣkoːlʲ]
zoutvat (het)	saltskål (en)	['salʲt‚skoːlʲ]
pepervat (het)	pepparskål (en)	['pɛpa‚ṣkoːlʲ]
boterschaaltje (het)	smörfat (en)	['smœr‚fat]
steelpan (de)	kastrull, gryta (en)	[ka'strulʲ], ['gryta]
bakpan (de)	stekpanna (en)	['stek‚pana]
pollepel (de)	slev (en)	['slʲev]
vergiet (de/het)	durkslag (ett)	['durk‚slʲag]
dienblad (het)	bricka (en)	['brika]
fles (de)	flaska (en)	['flʲaska]
glazen pot (de)	glasburk (en)	['glʲas‚burk]
blik (conserven~)	burk (en)	['burk]
flesopener (de)	flasköppnare (en)	['flʲask‚øpnarə]
blikopener (de)	burköppnare (en)	['burk‚øpnarə]
kurkentrekker (de)	korkskruv (en)	['kɔrk‚skrɵːv]
filter (de/het)	filter (ett)	['filʲtər]
filteren (ww)	att filtrera	[at filʲ'trera]
huisvuil (het)	sopor, avfall (ett)	['sʊpʊr], ['avfalʲ]
vuilnisemmer (de)	sophink (en)	['sʊp‚hiŋk]

72. Badkamer

badkamer (de)	badrum (ett)	['bad‚ruːm]
water (het)	vatten (ett)	['vatən]
kraan (de)	kran (en)	['kran]
warm water (het)	varmvatten (ett)	['varm‚vatən]
koud water (het)	kallvatten (ett)	['kalʲ‚vatən]
tandpasta (de)	tandkräm (en)	['tand‚krɛm]
tanden poetsen (ww)	att borsta tänderna	[at 'bɔːṣta 'tɛndɛːɳa]
tandenborstel (de)	tandborste (en)	['tand‚bɔːṣtə]
zich scheren (ww)	att raka sig	[at 'raka sɛj]
scheercrème (de)	raklödder (ett)	['rak‚lʲødər]
scheermes (het)	hyvel (en)	['hyvəlʲ]
wassen (ww)	att tvätta	[at 'tvæta]
een bad nemen	att tvätta sig	[at 'tvæta sɛj]
douche (de)	dusch (en)	['duʃ]
een douche nemen	att duscha	[at 'duʃa]
bad (het)	badkar (ett)	['bad‚kar]
toiletpot (de)	toalettstol (en)	[tʊa'lʲet‚stʊlʲ]

wastafel (de)	handfat (ett)	['hand͜fat]
zeep (de)	tvål (en)	['tvo:lʲ]
zeepbakje (het)	tvålskål (en)	['tvo:lʲˌsko:lʲ]
spons (de)	svamp (en)	['svamp]
shampoo (de)	schampo (ett)	['ɧamˌpʊ]
handdoek (de)	handduk (en)	['handˌdɵ:k]
badjas (de)	morgonrock (en)	['mɔrgɔnˌrɔk]
was (bijv. handwas)	tvätt (en)	['tvæt]
wasmachine (de)	tvättmaskin (en)	['tvætˌma'ɧi:n]
de was doen	att tvätta kläder	[at 'tvæːta 'klʲɛːdər]
waspoeder (de)	tvättmedel (ett)	['tvætˌmedəlʲ]

73. Huishoudelijke apparaten

televisie (de)	teve (en)	['teve]
cassettespeler (de)	bandspelare (en)	['bandˌspelʲarə]
videorecorder (de)	video (en)	['videʊ]
radio (de)	radio (en)	['radiʊ]
speler (de)	spelare (en)	['spelʲarə]
videoprojector (de)	videoprojektor (en)	['videʊ prʊ'jɛktʊr]
home theater systeem (het)	hemmabio (en)	['hɛmaˌbi:ʊ]
DVD-speler (de)	DVD spelare (en)	[deve'de: ˌspelʲarə]
versterker (de)	förstärkare (en)	[fœ:'ʂtæːkarə]
spelconsole (de)	spelkonsol (en)	['spelʲ kɔn'sɔlʲ]
videocamera (de)	videokamera (en)	['videʊˌkamera]
fotocamera (de)	kamera (en)	['kamera]
digitale camera (de)	digitalkamera (en)	[digi'talʲ ˌkamera]
stofzuiger (de)	dammsugare (en)	['damˌsɵgarə]
strijkijzer (het)	strykjärn (ett)	['strykˌjæ:n]
strijkplank (de)	strykbräda (en)	['strykˌbrɛ:da]
telefoon (de)	telefon (en)	[telʲe'fɔn]
mobieltje (het)	mobiltelefon (en)	[mɔ'bilʲ telʲe'fɔn]
schrijfmachine (de)	skrivmaskin (en)	['skrivˌma'ɧi:n]
naaimachine (de)	symaskin (en)	['syˌma'ɧi:n]
microfoon (de)	mikrofon (en)	[mikrʊ'fɔn]
koptelefoon (de)	hörlurar (pl)	['hœːˌlʲɵ:rar]
afstandsbediening (de)	fjärrkontroll (en)	['fjæːrˌkɔn'trɔlʲ]
CD (de)	cd-skiva (en)	['sede ˌɧiva]
cassette (de)	kassett (en)	[ka'sɛt]
vinylplaat (de)	skiva (en)	['ɧiva]

DE AARDE. WEER

74. De kosmische ruimte

kosmos (de)	rymden, kosmos (ett)	[rʏmden], ['kosmɔs]
kosmisch (bn)	rymd-	['rʏmd-]
kosmische ruimte (de)	yttre rymd (en)	['ytrə ˌrʏmd]
heelal (het)	universum (ett)	[uniˈvɛːʂum]
sterrenstelsel (het)	galax (en)	[gaˈlʲaks]
ster (de)	stjärna (en)	[ˈɧæːɳa]
sterrenbeeld (het)	stjärnbild (en)	[ˈɧæːɳˌbilʲd]
planeet (de)	planet (en)	[plʲaˈnet]
satelliet (de)	satellit (en)	[satɛˈliːt]
meteoriet (de)	meteorit (en)	[meteʊˈrit]
komeet (de)	komet (en)	[kʊˈmet]
asteroïde (de)	asteroid (en)	[asterʊˈid]
baan (de)	bana (en)	['bana]
draaien (om de zon, enz.)	att rotera	[at rʊˈtera]
atmosfeer (de)	atmosfär (en)	[atmʊˈsfæːr]
Zon (de)	Solen	[ˈsʊlʲən]
zonnestelsel (het)	solsystem (ett)	[ˈsʊlʲ ˌsʏˈstem]
zonsverduistering (de)	solförmörkelse (en)	[ˈsʊlʲførˈmœːrkəlʲsə]
Aarde (de)	Jorden	[ˈjʊːdən]
Maan (de)	Månen	[ˈmoːnən]
Mars (de)	Mars	[ˈmaːʂ]
Venus (de)	Venus	[ˈveːnus]
Jupiter (de)	Jupiter	[ˈjupiter]
Saturnus (de)	Saturnus	[saˈtuːɳus]
Mercurius (de)	Merkurius	[mɛrˈkɵrius]
Uranus (de)	Uranus	[ɵˈranus]
Neptunus (de)	Neptunus	[nepˈtɵnus]
Pluto (de)	Pluto	[ˈplɵtʊ]
Melkweg (de)	Vintergatan	[ˈvintəˌgatan]
Grote Beer (de)	Stora bjornen	[ˈstʊra ˈbjʊːɳən]
Poolster (de)	Polstjärnan	[ˈpʊlʲˌɧæːɳan]
marsmannetje (het)	marsian (en)	[maːʂiˈan]
buitenaards wezen (het)	utomjording (en)	[ˈɵtomˌjʊːdisk]
bovenaards (het)	rymdväsen (ett)	[ˈrʏmdˌvɛsən]
vliegende schotel (de)	flygande tefat (ett)	[ˈflʲygandə ˈtefat]
ruimtevaartuig (het)	rymdskepp (ett)	[ˈrʏmdˌɧɛp]
ruimtestation (het)	rymdstation (en)	[ˈrʏmd staˈɧʊn]

start (de)	start (en)	['staːt]
motor (de)	motor (en)	['mʊtʊr]
straalpijp (de)	dysa (en)	['dysa]
brandstof (de)	bränsle (ett)	['brɛnslʲe]
cabine (de)	cockpit, flygdäck (en)	['kɔkpit], ['flʏg͡ˌdɛk]
antenne (de)	antenn (en)	[an'tɛn]
patrijspoort (de)	fönster (ett)	['fœnstər]
zonnebatterij (de)	solbatteri (ett)	['sʊlʲˌbatɛ'riː]
ruimtepak (het)	rymddräkt (en)	['rʏmd͡ˌdrɛkt]
gewichtloosheid (de)	tyngdlöshet (en)	['tʏŋdlʲøsˌhet]
zuurstof (de)	syre, oxygen (ett)	['syrə], ['oksygən]
koppeling (de)	dockning (en)	['dɔknɪŋ]
koppeling maken	att docka	[at 'dɔka]
observatorium (het)	observatorium (ett)	[ɔbsɛrva'tʊrium]
telescoop (de)	teleskop (ett)	[telʲe'skɔp]
waarnemen (ww)	att observera	[at ɔbsɛr'vera]
exploreren (ww)	att utforska	[at 'ʉtˌfɔːʂka]

75. De Aarde

Aarde (de)	Jorden	['juːdən]
aardbol (de)	jordklot (ett)	['juːd͡ˌklʲʊt]
planeet (de)	planet (en)	[plʲa'net]
atmosfeer (de)	atmosfär (en)	[atmʊ'sfæːr]
aardrijkskunde (de)	geografi (en)	[jeʊgra'fiː]
natuur (de)	natur (en)	[na'tʉːr]
wereldbol (de)	glob (en)	['glʲʊb]
kaart (de)	karta (en)	['kaːʈa]
atlas (de)	atlas (en)	['atlʲas]
Europa (het)	Europa	[eu'rʊpa]
Azië (het)	Asien	['asiən]
Afrika (het)	Afrika	['afrika]
Australië (het)	Australien	[au'straliən]
Amerika (het)	Amerika	[a'merika]
Noord-Amerika (het)	Nordamerika	['nʊːd͡ a'merika]
Zuid-Amerika (het)	Sydamerika	['syd a'merika]
Antarctica (het)	Antarktis	[an'tarktis]
Arctis (de)	Arktis	['arktis]

76. Windrichtingen

noorden (het)	norr	['nɔr]
naar het noorden	norrut	['nɔrʉt]

in het noorden	i norr	[i 'nɔr]
noordelijk (bn)	nordlig	['nʊːdlig]
zuiden (het)	söder (en)	['søːdər]
naar het zuiden	söderut	['søːdərʉt]
in het zuiden	i söder	[i 'søːdər]
zuidelijk (bn)	syd-, söder	['syd-], ['søːdər]
westen (het)	väster (en)	['vɛstər]
naar het westen	västerut	['vɛstərʉt]
in het westen	i väst	[i vɛst]
westelijk (bn)	västra	['vɛstra]
oosten (het)	öster (en)	['œstər]
naar het oosten	österut	['œstərʉt]
in het oosten	i öst	[i 'œst]
oostelijk (bn)	östra	['œstra]

77. Zee. Oceaan

zee (de)	hav (ett)	['hav]
oceaan (de)	ocean (en)	[ʊsə'an]
golf (baai)	bukt (en)	['bukt]
straat (de)	sund (ett)	['sund]
grond (vaste grond)	fastland (ett)	['fastˌlʲand]
continent (het)	fastland (ett), kontinent (en)	['fastˌlʲand], [kɔnti'nɛnt]
eiland (het)	ö (en)	['øː]
schiereiland (het)	halvö (en)	['halʲvˌøː]
archipel (de)	skärgård, arkipelag (en)	['ɧæːrˌgoːd], [arkipe'lʲag]
baai, bocht (de)	bukt (en)	['bukt]
haven (de)	hamn (en)	['hamn]
lagune (de)	lagun (en)	[lʲa'gʉːn]
kaap (de)	udde (en)	['udə]
atol (de)	atoll (en)	[a'tɔlʲ]
rif (het)	rev (ett)	['rev]
koraal (het)	korall (en)	[kɔ'ralʲ]
koraalrif (het)	korallrev (ett)	[kɔ'ralʲˌrev]
diep (bn)	djup	['jʉːp]
diepte (de)	djup (ett)	['jʉːp]
diepzee (de)	avgrund (en)	['avˌgrund]
trog (bijv. Marianentrog)	djuphavsgrav (en)	['jʉːphavsˌgrav]
stroming (de)	ström (en)	['strøːm]
omspoelen (ww)	att omge	[at 'ɔmje]
oever (de)	kust (en)	['kust]
kust (de)	kust (en)	['kust]
vloed (de)	flod (en)	['flʲʊd]
eb (de)	ebb (en)	['ɛb]

ondiepte (ondiep water)	sandbank (en)	['sand₁baŋk]
bodem (de)	botten (en)	['bɔtən]

golf (hoge ~)	våg (en)	['voːg]
golfkam (de)	vågkam (en)	['voːg₁kam]
schuim (het)	skum (ett)	['skum]

orkaan (de)	orkan (en)	[ɔr'kan]
tsunami (de)	tsunami (en)	[tsu'nami]
windstilte (de)	stiltje (en)	['stilʲtjə]
kalm (bijv. ~e zee)	stilla	['stilʲa]

pool (de)	pol (en)	['pʊlʲ]
polair (bn)	pol-, polar-	['pʊlʲ-], [pʊ'lʲar-]

breedtegraad (de)	latitud (en)	[lʲati'tʉːd]
lengtegraad (de)	longitud (en)	[lʲɔŋi'tʉːd]
parallel (de)	breddgrad (en)	['brɛd₁grad]
evenaar (de)	ekvator (en)	[ɛ'kvatʊr]

hemel (de)	himmel (en)	['himəlʲ]
horizon (de)	horisont (en)	[hʊri'sɔnt]
lucht (de)	luft (en)	['lʉft]

vuurtoren (de)	fyr (en)	['fyr]
duiken (ww)	att dyka	[at 'dyka]
zinken (ov. een boot)	att sjunka	[at 'ɧuŋka]
schatten (mv.)	skatter (pl)	['skatər]

78. Namen van zeeën en oceanen

Atlantische Oceaan (de)	Atlanten	[at'lʲantən]
Indische Oceaan (de)	Indiska oceanen	['indiska ʊsə'anən]
Stille Oceaan (de)	Stilla havet	['stilʲa 'havɛt]
Noordelijke IJszee (de)	Norra ishavet	['nɔra ₁is'havɛt]

Zwarte Zee (de)	Svarta havet	['svaːʈa 'havɛt]
Rode Zee (de)	Röda havet	['røːda 'havɛt]
Gele Zee (de)	Gula havet	['gʉːlʲa 'havɛt]
Witte Zee (de)	Vita havet	['vita 'havɛt]

Kaspische Zee (de)	Kaspiska havet	['kaspiska 'havɛt]
Dode Zee (de)	Döda havet	['døːda 'havɛt]
Middellandse Zee (de)	Medelhavet	['medəlʲ₁havɛt]

Egeïsche Zee (de)	Egeiska havet	[ɛ'gejska 'havɛt]
Adriatische Zee (de)	Adriatiska havet	[adri'atiska 'havɛt]

Arabische Zee (de)	Arabiska havet	[a'rabiska 'havɛt]
Japanse Zee (de)	Japanska havet	[ja'panska 'havɛt]
Beringzee (de)	Beringshavet	['berings₁havɛt]
Zuid-Chinese Zee (de)	Sydkinesiska havet	['sydçi₁nesiska 'havɛt]
Koraalzee (de)	Korallhavet	[kɔ'ralʲ₁havɛt]
Tasmanzee (de)	Tasmanhavet	[tas'man₁havɛt]

Caribische Zee (de)	Karibiska havet	[ka'ribiska 'havɛt]
Barentszzee (de)	Barentshavet	['barɛnts̩havɛt]
Karische Zee (de)	Karahavet	['kara̩havɛt]
Noordzee (de)	Nordsjön	['nuːɖɧøːn]
Baltische Zee (de)	Östersjön	['œstɛː̩ɧøːn]
Noorse Zee (de)	Norska havet	['nɔːʂka 'havɛt]

79. Bergen

berg (de)	berg (ett)	['bɛrj]
bergketen (de)	bergskedja (en)	['bɛrj̩ɕedja]
gebergte (het)	bergsrygg (en)	['bɛrjs̩rʏg]
bergtop (de)	topp (en)	['tɔp]
bergpiek (de)	tinne (en)	['tinə]
voet (ov. de berg)	fot (en)	['fʊt]
helling (de)	sluttning (en)	['slʉːtniŋ]
vulkaan (de)	vulkan (en)	[vulˡ'kan]
actieve vulkaan (de)	verksam vulkan (en)	['vɛrksam vulˡ'kan]
uitgedoofde vulkaan (de)	slocknad vulkan (en)	['slˡɔknad vulˡ'kan]
uitbarsting (de)	utbrott (ett)	['ʉt̩brɔt]
krater (de)	krater (en)	['kratər]
magma (het)	magma (en)	['magma]
lava (de)	lava (en)	['lˡava]
gloeiend (~e lava)	glödgad	['glˡœdgad]
kloof (canyon)	kanjon (en)	['kanjɔn]
bergkloof (de)	klyfta (en)	['klˡyfta]
spleet (de)	skreva (en)	['skreva]
afgrond (de)	avgrund (en)	['av̩grʉnd]
bergpas (de)	pass (ett)	['pas]
plateau (het)	platå (en)	[plˡa'toː]
klip (de)	klippa (en)	['klipa]
heuvel (de)	kulle, backe (en)	['kulˡə], ['bakə]
gletsjer (de)	glaciär, jökel (en)	[glˡas'jæːr], ['jøːkəlˡ]
waterval (de)	vattenfall (ett)	['vatən̩falˡ]
geiser (de)	gejser (en)	['gɛjsər]
meer (het)	sjö (en)	['ɧøː]
vlakte (de)	slätt (en)	['slˡæt]
landschap (het)	landskap (ett)	['lˡaŋ̩skap]
echo (de)	eko (ett)	['ɛkʊ]
alpinist (de)	alpinist (en)	['alˡpi̩nist]
bergbeklimmer (de)	bergsbestigare (en)	['bɛrjs̩be'stigarə]
trotseren (berg ~)	att erövra	[at ɛ'rœvra]
beklimming (de)	bestigning (en)	[be'stigniŋ]

80. Bergen namen

Nederlands	Zweeds	Uitspraak
Alpen (de)	Alperna	['alʲpɛːŋa]
Mont Blanc (de)	Mont Blanc	[ˌmɔn'blʲaŋ]
Pyreneeën (de)	Pyrenéerna	[pyre'neæːŋa]
Karpaten (de)	Karpaterna	[kar'patɛːŋa]
Oeralgebergte (het)	Uralbergen	[ʉ'ralʲˌbɛrjən]
Kaukasus (de)	Kaukasus	['kaukasus]
Elbroes (de)	Elbrus	['ɛlʲbrʉs]
Altaj (de)	Altaj	[alʲ'taj]
Tiensjan (de)	Tian Shan	[ti'anʃan]
Pamir (de)	Pamir	[pa'mir]
Himalaya (de)	Himalaya	[hi'malʲaja]
Everest (de)	Everest	[ɛve'rɛst]
Andes (de)	Anderna	['andɛːŋa]
Kilimanjaro (de)	Kilimanjaro	[kiliman'jarʉ]

81. Rivieren

Nederlands	Zweeds	Uitspraak
rivier (de)	älv, flod (en)	['ɛlʲv], ['flʲʊd]
bron (~ van een rivier)	källa (en)	['ɕɛlʲa]
rivierbedding (de)	flodbädd (en)	['flʲʊdˌbɛd]
rivierbekken (het)	flodbassäng (en)	['flʲʊdbaˈsɛŋ]
uitmonden in …	att mynna ut …	[at 'mʏna ʉt …]
zijrivier (de)	biflod (en)	['biˌflʲʊd]
oever (de)	strand (en)	['strand]
stroming (de)	ström (en)	['strøːm]
stroomafwaarts (bw)	nedströms	['nɛdˌstrœms]
stroomopwaarts (bw)	motströms	['mʊtˌstrœms]
overstroming (de)	översvämning (en)	['øːvəˌsvɛmniŋ]
overstroming (de)	flöde (ett)	['flʲøːdə]
buiten zijn oevers treden	att flöda över	[at 'flʲøːda ˌøːvər]
overstromen (ww)	att översvämma	[at 'øːvəˌsvɛma]
zandbank (de)	grund (ett)	['grʉnd]
stroomversnelling (de)	forsar (pl)	[fo'ʂar]
dam (de)	damm (en)	['dam]
kanaal (het)	kanal (en)	[ka'nalʲ]
spaarbekken (het)	reservoar (ett)	[rɛsɛrvʊ'aːr]
sluis (de)	sluss (en)	['slʉːs]
waterlichaam (het)	vattensamling (en)	['vatənˌsamliŋ]
moeras (het)	myr, mosse (en)	['myr], ['mʊsə]
broek (het)	gungfly (ett)	['gʉŋˌfly]
draaikolk (de)	strömvirvel (en)	['strøːmˌvirvəlʲ]
stroom (de)	bäck (en)	['bɛk]

drink- (abn)	dricks-	['driks-]
zoet (~ water)	söt-, färsk-	['sø:t-], ['fæ:ʂk-]
IJs (het)	is (en)	['is]
bevriezen (rivier, enz.)	att frysa till	[at 'frysa tilʲ]

82. Namen van rivieren

Seine (de)	Seine	['sɛ:n]
Loire (de)	Loire	[lʲʊ'a:r]
Theems (de)	Themsen	['tɛmsən]
Rijn (de)	Rhen	['ren]
Donau (de)	Donau	['dɔnaʊ]
Wolga (de)	Volga	['vɔlʲga]
Don (de)	Don	['dɔn]
Lena (de)	Lena	['lʲena]
Gele Rivier (de)	Hwang-ho	[huaŋ'hʊ]
Blauwe Rivier (de)	Yangtze	['jɑŋtsə]
Mekong (de)	Mekong	[me'kɔŋ]
Ganges (de)	Ganges	['gaŋes]
Nijl (de)	Nilen	['nilʲen]
Kongo (de)	Kongo	['kɔngʊ]
Okavango (de)	Okavango	[ɔka'vangʊ]
Zambezi (de)	Zambezi	[sam'besi]
Limpopo (de)	Limpopo	[lim'pɔpɔ]
Mississippi (de)	Mississippi	[misi'sipi]

83. Bos

bos (het)	skog (en)	['skʊg]
bos- (abn)	skogs-	['skʊgs-]
oerwoud (dicht bos)	tät skog (en)	['tɛt ˌskʊg]
bosje (klein bos)	lund (en)	['lʉnd]
open plek (de)	glänta (en)	['glʲɛnta]
struikgewas (het)	snår (ett)	['sno:r]
struiken (mv.)	buskterräng (en)	['busk tɛ'rɛŋ]
paadje (het)	stig (en)	['stig]
ravijn (het)	ravin (en)	[ra'vin]
boom (de)	träd (ett)	['trɛ:d]
blad (het)	löv (ett)	['lʲø:v]
gebladerte (het)	löv, lövverk (ett)	['lʲø:v], ['lʲø:værk]
vallende bladeren (mv.)	lövfällning (en)	['lʲø:vˌfɛlʲniŋ]
vallen (ov. de bladeren)	att falla	[at 'falʲa]

boomtop (de)	trädtopp (en)	['trɛːˌtɔp]
tak (de)	gren, kvist (en)	['gren], ['kvist]
ent (de)	gren (en)	['gren]
knop (de)	knopp (en)	['knɔp]
naald (de)	nål (en)	['noːlʲ]
dennenappel (de)	kotte (en)	['kɔtə]

boom holte (de)	trädhål (ett)	['trɛːdˌhoːlʲ]
nest (het)	bo (ett)	['bʊ]
hol (het)	lya, håla (en)	['lʲya], ['hoːlʲa]

stam (de)	stam (en)	['stam]
wortel (bijv. boom~s)	rot (en)	['rʊt]
schors (de)	bark (en)	['bark]
mos (het)	mossa (en)	['mɔsa]

ontwortelen (een boom)	att rycka upp med rötterna	[at 'rʏka up me 'rœttɛːɳa]
kappen (een boom ~)	att fälla	[at 'fɛlʲa]
ontbossen (ww)	att hugga ner	[at 'huga ner]
stronk (de)	stubbe (en)	['stubə]

kampvuur (het)	bål (ett)	['boːlʲ]
bosbrand (de)	skogsbrand (en)	['skʊgsˌbrand]
blussen (ww)	att släcka	[at 'slʲɛka]

boswachter (de)	skogsvakt (en)	['skʊgsˌvakt]
bescherming (de)	värn, skydd (ett)	['væːn], [ɧyd]
beschermen (bijv. de natuur ~)	att skydda	[at 'ɧyda]
stroper (de)	tjuvskytt (en)	['ɕʉːvˌɧyt]
val (de)	sax (en)	['saks]

plukken (vruchten, enz.)	att plocka	[at 'plʲɔka]
verdwalen (de weg kwijt zijn)	att gå vilse	[at 'goː 'vilʲsə]

84. Natuurlijke hulpbronnen

natuurlijke rijkdommen (mv.)	naturresurser (pl)	[naˈtʉːr reˈsurʂər]
delfstoffen (mv.)	mineraler (pl)	[mineˈralʲər]
lagen (mv.)	fyndigheter (pl)	['fʏndiˌhetər]
veld (bijv. olie~)	fält (ett)	['fɛlʲt]

winnen (uit erts ~)	att utvinna	[at 'ʉtˌvina]
winning (de)	utvinning (en)	['ʉtˌviniŋ]
erts (het)	malm (en)	['malʲm]
mijn (bijv. kolenmijn)	gruva (en)	['grʉva]
mijnschacht (de)	gruvschakt (ett)	['grʉːvˌɧakt]
mijnwerker (de)	gruvarbetare (en)	['grʉːvˌarˈbetarə]

gas (het)	gas (en)	['gas]
gasleiding (de)	gasledning (en)	['gasˌlʲedniŋ]

olie (aardolie)	olja (en)	['ɔlja]
olieleiding (de)	oljeledning (en)	['ɔljəˌlʲedniŋ]

oliebron (de)	oljekälla (en)	['ɔljə‚ɕæla]
boortoren (de)	borrtorn (ett)	['bɔr‚tɯːn]
tanker (de)	tankfartyg (ett)	['taŋk‚faːˈtyg]

zand (het)	sand (en)	['sand]
kalksteen (de)	kalksten (en)	[kalʲk‚sten]
grind (het)	grus (ett)	['grɯːs]
veen (het)	torv (en)	['tɔrv]
klei (de)	lera (en)	['lʲera]
steenkool (de)	kol (ett)	['kɔlʲ]

IJzer (het)	järn (ett)	['jæːn]
goud (het)	guld (ett)	['gulʲd]
zilver (het)	silver (ett)	['silʲvər]
nikkel (het)	nickel (en)	['nikəlʲ]
koper (het)	koppar (en)	['kopar]

zink (het)	zink (en)	['siŋk]
mangaan (het)	mangan (en)	[manˈgan]
kwik (het)	kvicksilver (ett)	['kvik‚silʲvər]
lood (het)	bly (ett)	['blʲy]

mineraal (het)	mineral (ett)	[minəˈralʲ]
kristal (het)	kristall (en)	[kriˈstalʲ]
marmer (het)	marmor (en)	['marmʊr]
uraan (het)	uran (ett)	[ɵˈran]

85. Weer

weer (het)	väder (ett)	['vɛːdər]
weersvoorspelling (de)	väderprognos (en)	['vɛːdər‚prɔgˈnɔːs]
temperatuur (de)	temperatur (en)	[tɛmpəraˈtɯːr]
thermometer (de)	termometer (en)	[tɛrmʊˈmetər]
barometer (de)	barometer (en)	[barʊˈmetər]

vochtig (bn)	fuktig	['fuːktig]
vochtigheid (de)	fuktighet (en)	['fuːktig‚het]
hitte (de)	hetta (en)	['hɛta]
heet (bn)	het	['het]
het is heet	det är hett	[dɛ æːr 'hɛt]

het is warm	det är varmt	[dɛ æːr varmt]
warm (bn)	varm	['varm]

het is koud	det är kallt	[dɛ æːr 'kalʲt]
koud (bn)	kall	['kalʲ]

zon (de)	sol (en)	['sʊlʲ]
schijnen (de zon)	att skina	[at 'ɧina]
zonnig (~e dag)	solig	['sʊlig]
opgaan (ov. de zon)	att gå upp	[at 'goː 'up]
ondergaan (ww)	att gå ner	[at 'goː ‚ner]
wolk (de)	moln (ett), sky (en)	['mɔlʲn], ['ɧy]
bewolkt (bn)	molnig	['mɔlʲnig]

regenwolk (de)	regnmoln (ett)	['rɛgnˌmɔlʲn]
somber (bn)	mörk, mulen	['mœːrk], ['mʉːlʲen]

regen (de)	regn (ett)	['rɛgn]
het regent	det regnar	[dɛ 'rɛgnar]
regenachtig (bn)	regnväders-	['rɛgnˌvɛdəʂ-]
motregenen (ww)	att duggregna	[at 'dugˌrɛgna]

plensbui (de)	hällande regn (ett)	['hɛlʲandə 'rɛgn]
stortbui (de)	spöregn (ett)	['spøːˌrɛgn]
hard (bn)	kraftigt, häftigt	['kraftigt], ['hɛftigt]
plas (de)	pöl, vattenpuss (en)	['pøːlʲ], ['vatənˌpus]
nat worden (ww)	att bli våt	[at bli 'voːt]

mist (de)	dimma (en)	['dima]
mistig (bn)	dimmig	['dimig]
sneeuw (de)	snö (en)	['snøː]
het sneeuwt	det snöar	[dɛ 'snøːar]

86. Zwaar weer. Natuurrampen

noodweer (storm)	åskväder (ett)	['ɔskˌvɛdər]
bliksem (de)	blixt (en)	['blikst]
flitsen (ww)	att blixtra	[at 'blikstra]

donder (de)	åska (en)	['ɔska]
donderen (ww)	att åska	[at 'ɔska]
het dondert	det åskar	[dɛ 'ɔskar]

hagel (de)	hagel (ett)	['hagəlʲ]
het hagelt	det haglar	[dɛ 'haglʲar]

overstromen (ww)	att översvämma	[at 'øːvəˌsvɛma]
overstroming (de)	översvämning (en)	['øːvəˌsvɛmniŋ]

aardbeving (de)	jordskalv (ett)	['jʉːdˌskalv]
aardschok (de)	skalv (ett)	['skalʲv]
epicentrum (het)	epicentrum (ett)	[ɛpi'sɛntrum]

uitbarsting (de)	utbrott (ett)	['ʉtˌbrɔt]
lava (de)	lava (en)	['lʲava]

wervelwind (de)	tromb (en)	['trɔmb]
windhoos (de)	tornado (en)	[tʊ'nadʊ]
tyfoon (de)	tyfon (en)	[ty'fɔn]

orkaan (de)	orkan (en)	[ɔr'kan]
storm (de)	storm (en)	['stɔrm]
tsunami (de)	tsunami (en)	[tsu'nami]

cycloon (de)	cyklon (en)	[tsʏ'klʲɔn]
onweer (het)	oväder (ett)	[ʊː'vɛːdər]
brand (de)	brand (en)	['brand]
ramp (de)	katastrof (en)	[kata'strɔf]

meteoriet (de)	**meteorit (en)**	[meteʉ'rit]
lawine (de)	**lavin (en)**	[lˡa'vin]
sneeuwverschuiving (de)	**snöskred, snöras (ett)**	['snøːˌskred], ['snøːˌras]
sneeuwjacht (de)	**snöstorm (en)**	['snøːˌstɔrm]
sneeuwstorm (de)	**snöstorm (en)**	['snøːˌstɔrm]

FAUNA

87. Zoogdieren. Roofdieren

roofdier (het)	rovdjur (ett)	['rʊv‚jʉːr]
tijger (de)	tiger (en)	['tigər]
leeuw (de)	lejon (ett)	['lʲejɔn]
wolf (de)	ulv (en)	['ulʲv]
vos (de)	räv (en)	['rɛːv]

jaguar (de)	jaguar (en)	[jaguar]
luipaard (de)	leopard (en)	[lʲeʊ'paːd]
jachtluipaard (de)	gepard (en)	[je'paːd]

panter (de)	panter (en)	['pantər]
poema (de)	puma (en)	['pʉːma]
sneeuwluipaard (de)	snöleopard (en)	['snøː lʲeʊ'paːd]
lynx (de)	lodjur (ett), lo (en)	['lʲʊ‚jʉːr], ['lʲʊ]

coyote (de)	koyot, prärievarg (en)	[kɔ'jʊt], ['præːrie‚varj]
jakhals (de)	sjakal (en)	[ɧa'kalʲ]
hyena (de)	hyena (en)	[hy'ena]

88. Wilde dieren

dier (het)	djur (ett)	['jʉːr]
beest (het)	best (en), djur (ett)	['bɛst], ['jʉːr]

eekhoorn (de)	ekorre (en)	['ɛkɔrə]
egel (de)	igelkott (en)	['igəlʲ‚kɔt]
haas (de)	hare (en)	['harə]
konijn (het)	kanin (en)	[ka'nin]

das (de)	grävling (en)	['grɛvliŋ]
wasbeer (de)	tvättbjörn (en)	['tvæt‚bjøːn]
hamster (de)	hamster (en)	['hamstər]
marmot (de)	murmeldjur (ett)	['murməlʲ‚jʉːr]

mol (de)	mullvad (en)	['mulʲ‚vad]
muis (de)	mus (en)	['mʉːs]
rat (de)	råtta (en)	['rɔta]
vleermuis (de)	fladdermus (en)	['flʲadər‚mʉːs]

hermelijn (de)	hermelin (en)	[hɛrme'lin]
sabeldier (het)	sobel (en)	['sɔbəlʲ]
marter (de)	mård (en)	['moːd]
wezel (de)	vessla (en)	['vɛslʲa]
nerts (de)	mink (en)	['miŋk]

bever (de)	bäver (en)	['bɛːvər]
otter (de)	utter (en)	['ʉːtər]
paard (het)	häst (en)	['hɛst]
eland (de)	älg (en)	['ɛlj]
hert (het)	hjort (en)	['jʊːt]
kameel (de)	kamel (en)	[kaˈmelʲ]
bizon (de)	bison (en)	['bisɔn]
oeros (de)	uroxe (en)	['ʉˌroksə]
buffel (de)	buffel (en)	['bufəlʲ]
zebra (de)	sebra (en)	['sebra]
antilope (de)	antilop (en)	[antiˈlʲʊp]
ree (de)	rådjur (ett)	['rɔːjʉːr]
damhert (het)	dovhjort (en)	['dɔvˌjʊːt]
gems (de)	gems (en)	['jɛms]
everzwijn (het)	vildsvin (ett)	['vilʲdˌsvin]
walvis (de)	val (en)	['valʲ]
rob (de)	säl (en)	['sɛːlʲ]
walrus (de)	valross (en)	['valʲˌrɔs]
zeehond (de)	pälssäl (en)	['pɛlʲsˌsɛlʲ]
dolfijn (de)	delfin (en)	[dɛlʲˈfin]
beer (de)	björn (en)	['bjøːn]
IJsbeer (de)	isbjörn (en)	['isˌbjøːn]
panda (de)	panda (en)	['panda]
aap (de)	apa (en)	['apa]
chimpansee (de)	schimpans (en)	[ɧimˈpans]
orang-oetan (de)	orangutang (en)	[ʊˈraŋgʊˌtaŋ]
gorilla (de)	gorilla (en)	[gɔˈrilʲa]
makaak (de)	makak (en)	[maˈkak]
gibbon (de)	gibbon (en)	[giˈbʊn]
olifant (de)	elefant (en)	[ɛlʲeˈfant]
neushoorn (de)	noshörning (en)	['nʊsˌhøːnin]
giraffe (de)	giraff (en)	[ɧiˈraf]
nijlpaard (het)	flodhäst (en)	['flʲʊdˌhɛst]
kangoeroe (de)	känguru (en)	['ɕɛngurʉ]
koala (de)	koala (en)	[kʊˈalʲa]
mangoest (de)	mangust, mungo (en)	['mangust], ['muŋgʊ]
chinchilla (de)	chinchilla (en)	[ʃinˈʃilʲa]
stinkdier (het)	skunk (en)	['skuŋk]
stekelvarken (het)	piggsvin (ett)	['pigˌsvin]

89. Huisdieren

poes (de)	katt (en)	['kat]
kater (de)	hankatt (en)	['hanˌkat]
hond (de)	hund (en)	['hund]

paard (het)	häst (en)	['hɛst]
hengst (de)	hingst (en)	['hiŋst]
merrie (de)	sto (ett)	['stʊ:]
koe (de)	ko (en)	['kɔ:]
stier (de)	tjur (en)	['ɕʉ:r]
os (de)	oxe (en)	['ʊksə]
schaap (het)	får (ett)	['fo:r]
ram (de)	bagge (en)	['bagə]
geit (de)	get (en)	['jet]
bok (de)	getabock (en)	['jeta‚bɔk]
ezel (de)	åsna (en)	['ɔsna]
muilezel (de)	mula (en)	['mʉlʲa]
varken (het)	svin (ett)	['svin]
biggetje (het)	griskulting (en)	['gris‚kulʲtiŋ]
konijn (het)	kanin (en)	[ka'nin]
kip (de)	höna (en)	['hø:na]
haan (de)	tupp (en)	['tup]
eend (de)	anka (en)	['aŋka]
woerd (de)	andrik, andrake (en)	['andrik], ['andrakə]
gans (de)	gås (en)	['go:s]
kalkoen haan (de)	kalkontupp (en)	[kalʲ'kʊn‚tup]
kalkoen (de)	kalkonhöna (en)	[kalʲ'kʊn‚hø:na]
huisdieren (mv.)	husdjur (pl)	['hʉs‚jʉ:r]
tam (bijv. hamster)	tam	['tam]
temmen (tam maken)	att tämja	[at 'tɛmja]
fokken (bijv. paarden ~)	att avla, att föda upp	[at 'avlʲa], [at 'fø:da up]
boerderij (de)	farm, lantgård (en)	[farm], ['lʲant‚go:d]
gevogelte (het)	fjäderfä (ett)	['fjɛ:dər‚fɛ:]
rundvee (het)	boskap (en)	['bʊskap]
kudde (de)	hjord (en)	['jʊ:d]
paardenstal (de)	stall (ett)	['stalʲ]
zwijnenstal (de)	svinstia (en)	['svin‚stia]
koeienstal (de)	ladugård (en), kostall (ett)	['lʲadʉ‚go:d], ['kostalʲ]
konijnenhok (het)	kaninbur (en)	[ka'nin‚bʉ:r]
kippenhok (het)	hönshus (ett)	['hø:ns‚hʉs]

90. Vogels

vogel (de)	fågel (en)	['fo:gəlʲ]
duif (de)	duva (en)	['dʉ:va]
mus (de)	sparv (en)	['sparv]
koolmees (de)	talgoxe (en)	['taljʊksə]
ekster (de)	skata (en)	['skata]
raaf (de)	korp (en)	['kɔrp]

kraai (de)	kråka (en)	['kro:ka]
kauw (de)	kaja (en)	['kaja]
roek (de)	råka (en)	['ro:ka]
eend (de)	anka (en)	['aŋka]
gans (de)	gås (en)	['go:s]
fazant (de)	fasan (en)	[fa'san]
arend (de)	örn (en)	['ø:n]
havik (de)	hök (en)	['hø:k]
valk (de)	falk (en)	['falʲk]
gier (de)	gam (en)	['gam]
condor (de)	kondor (en)	['kɔnˌdɔr]
zwaan (de)	svan (en)	['svan]
kraanvogel (de)	trana (en)	['trana]
ooievaar (de)	stork (en)	['stɔrk]
papegaai (de)	papegoja (en)	[pape'gɔja]
kolibrie (de)	kolibri (en)	['kɔlibri]
pauw (de)	påfågel (en)	['pɔːˌfoːgəlʲ]
struisvogel (de)	struts (en)	['struts]
reiger (de)	häger (en)	['hɛ:gər]
flamingo (de)	flamingo (en)	[flʲa'mingɔ]
pelikaan (de)	pelikan (en)	[peli'kan]
nachtegaal (de)	näktergal (en)	['nɛktəˌgalʲ]
zwaluw (de)	svala (en)	['svalʲa]
lijster (de)	trast (en)	['trast]
zanglijster (de)	sångtrast (en)	['sɔŋˌtrast]
merel (de)	koltrast (en)	['kɔlʲˌtrast]
gierzwaluw (de)	tornseglare, tornsvala (en)	['tʊːn̩ˌseglarə], ['tʊːn̩ˌsvalʲa]
leeuwerik (de)	lärka (en)	['lʲæ:rka]
kwartel (de)	vaktel (en)	['vaktəlʲ]
specht (de)	hackspett (en)	['hakˌspet]
koekoek (de)	gök (en)	['jø:k]
uil (de)	uggla (en)	['uglʲa]
oehoe (de)	berguv (en)	['bɛrjˌʉ:v]
auerhoen (het)	tjäder (en)	['ɕɛ:dər]
korhoen (het)	orre (en)	['ɔrə]
patrijs (de)	rapphöna (en)	['rapˌhø:na]
spreeuw (de)	stare (en)	['starə]
kanarie (de)	kanariefågel (en)	[ka'nariəˌfoːgəlʲ]
hazelhoen (het)	järpe (en)	['jæ:rpə]
vink (de)	bofink (en)	['bʊˌfiŋk]
goudvink (de)	domherre (en)	['dʊmhɛrə]
meeuw (de)	mås (en)	['mo:s]
albatros (de)	albatross (en)	['alʲbaˌtrɔs]
pinguïn (de)	pingvin (en)	[piŋ'vin]

91. Vis. Zeedieren

brasem (de)	brax (en)	['braks]
karper (de)	karp (en)	['karp]
baars (de)	ábborre (en)	['abɔrə]
meerval (de)	mal (en)	['malʲ]
snoek (de)	gädda (en)	['jɛda]
zalm (de)	lax (en)	['lʲaks]
steur (de)	stör (en)	['stø:r]
haring (de)	sill (en)	['silʲ]
atlantische zalm (de)	atlanterhavslax (en)	[at'lantərhav‚lʲaks]
makreel (de)	makrill (en)	['makrilʲ]
platvis (de)	rödspätta (en)	['rø:d‚spæta]
snoekbaars (de)	gös (en)	['jø:s]
kabeljauw (de)	torsk (en)	['tɔ:ʂk]
tonijn (de)	tonfisk (en)	['tʊn‚fisk]
forel (de)	öring (en)	['ø:riŋ]
paling (de)	ål (en)	['o:lʲ]
sidderrog (de)	elektrisk rocka (en)	[ɛ'lʲektrisk‚rɔka]
murene (de)	muräna (en)	[mʉ'rɛna]
piranha (de)	piraya (en)	[pi'raja]
haai (de)	haj (en)	['haj]
dolfijn (de)	delfin (en)	[dɛlʲ'fin]
walvis (de)	val (en)	['valʲ]
krab (de)	krabba (en)	['kraba]
kwal (de)	manet, medusa (en)	[ma'net], [me'dʉsa]
octopus (de)	bläckfisk (en)	['blʲɛk‚fisk]
zeester (de)	sjöstjärna (en)	['ɧø:‚ɧæ:ɳa]
zee-egel (de)	sjöpiggsvin (ett)	['ɧø:‚pigsvin]
zeepaardje (het)	sjöhäst (en)	['ɧø:‚hɛst]
oester (de)	ostron (ett)	['ʊstrʊn]
garnaal (de)	räka (en)	['rɛ:ka]
kreeft (de)	hummer (en)	['humər]
langoest (de)	languster (en)	[lʲaŋ'gustər]

92. Amfibieën. Reptielen

slang (de)	orm (en)	['ʊrm]
giftig (slang)	giftig	['jiftig]
adder (de)	huggorm (en)	['hʉg‚ʊrm]
cobra (de)	kobra (en)	['kɔbra]
python (de)	pytonorm (en)	[py'tɔn‚ʊrm]
boa (de)	boaorm (en)	['bʊa‚ʊrm]
ringslang (de)	snok (en)	['snʊk]

| ratelslang (de) | skallerorm (en) | ['skalʲerˌʊrm] |
| anaconda (de) | anaconda (en) | [anaˈkɔnda] |

hagedis (de)	ödla (en)	[ˈødlʲa]
leguaan (de)	iguana (en)	[iguˈana]
varaan (de)	varan (en)	[vaˈran]
salamander (de)	salamander (en)	[salʲaˈmandər]
kameleon (de)	kameleont (en)	[kamelʲeˈɔnt]
schorpioen (de)	skorpion (en)	[skɔrpiˈʊn]

schildpad (de)	sköldpadda (en)	[ˈɧœlʲdˌpada]
kikker (de)	groda (en)	[ˈgrʊda]
pad (de)	padda (en)	[ˈpada]
krokodil (de)	krokodil (en)	[krɔkɔˈdilʲ]

93. Insecten

insect (het)	insekt (en)	[ˈinsɛkt]
vlinder (de)	fjäril (en)	[ˈfjæːrilʲ]
mier (de)	myra (en)	[ˈmyra]
vlieg (de)	fluga (en)	[ˈflʉːga]
mug (de)	mygga (en)	[ˈmʏga]
kever (de)	skalbagge (en)	[ˈskalʲˌbagə]

wesp (de)	geting (en)	[ˈjɛtiŋ]
bij (de)	bi (ett)	[ˈbi]
hommel (de)	humla (en)	[ˈhumlʲa]
horzel (de)	styngfluga (en)	[ˈstʏŋˌflʉːga]

| spin (de) | spindel (en) | [ˈspindəlʲ] |
| spinnenweb (het) | spindelnät (ett) | [ˈspindəlˌnɛːt] |

libel (de)	trollslända (en)	[ˈtrɔlʲˌslʲɛnda]
sprinkhaan (de)	gräshoppa (en)	[ˈgrɛsˌhɔpa]
nachtvlinder (de)	nattfjäril (en)	[ˈnatˌfjæːrilʲ]

kakkerlak (de)	kackerlacka (en)	[ˈkakɛːˌlʲaka]
mijt (de)	fästing (en)	[ˈfɛstiŋ]
vlo (de)	loppa (en)	[ˈlʲɔpa]
kriebelmug (de)	knott (ett)	[ˈknot]

treksprinkhaan (de)	vandringsgräshoppa (en)	[ˈvandriŋˌgrɛsˈhɔparə]
slak (de)	snigel (en)	[ˈsnigəlʲ]
krekel (de)	syrsa (en)	[ˈsyʂa]
glimworm (de)	lysmask (en)	[ˈlʲysˌmask]
lieveheersbeestje (het)	nyckelpiga (en)	[ˈnʏkəlʲˌpiga]
meikever (de)	ollonborre (en)	[ˈɔlʲɔnˌbɔrə]

bloedzuiger (de)	igel (en)	[ˈiːgəlʲ]
rups (de)	fjärilslarv (en)	[ˈfjæːrilʲsˌlʲarv]
aardworm (de)	daggmask (en)	[ˈdagˌmask]
larve (de)	larv (en)	[ˈlʲarv]

FLORA

94. Bomen

boom (de)	träd (ett)	['trɛ:d]
loof- (abn)	löv-	['lʲø:v-]
dennen- (abn)	barr-	['bar-]
groenblijvend (bn)	eviggrönt	['ɛviˌgrœnt]
appelboom (de)	äppelträd (ett)	['ɛpelʲˌtrɛd]
perenboom (de)	päronträd (ett)	['pæ:rɔnˌtrɛd]
zure kers (de)	körsbärsträd (ett)	['ɕø:ʂbæ:ʂˌtrɛd]
pruimelaar (de)	plommonträd (ett)	['plʲumɔnˌtrɛd]
berk (de)	björk (en)	['bjœrk]
eik (de)	ek (en)	['ɛk]
linde (de)	lind (en)	['lind]
esp (de)	asp (en)	['asp]
esdoorn (de)	lönn (en)	['lʲøn]
spar (de)	gran (en)	['gran]
den (de)	tall (en)	['talʲ]
lariks (de)	lärk (en)	['lʲæ:rk]
zilverspar (de)	silvergran (en)	['silʲverˌgran]
ceder (de)	ceder (en)	['sedər]
populier (de)	poppel (en)	['popəlʲ]
lijsterbes (de)	rönn (en)	['rœn]
wilg (de)	pil (en)	['pilʲ]
els (de)	al (en)	['alʲ]
beuk (de)	bok (en)	['buk]
iep (de)	alm (en)	['alʲm]
es (de)	ask (en)	['ask]
kastanje (de)	kastanjeträd (ett)	[ka'stanjəˌtrɛd]
magnolia (de)	magnolia (en)	[maŋ'nulia]
palm (de)	palm (en)	['palʲm]
cipres (de)	cypress (en)	[sʏ'prɛs]
mangrove (de)	mangroveträd (ett)	[maŋ'rɔvəˌtrɛd]
baobab (apenbroodboom)	apbrödsträd (ett)	['apbrødsˌtrɛd]
eucalyptus (de)	eukalyptus (en)	[euka'lʲyptus]
mammoetboom (de)	sequoia (en)	[sek'vɔja]

95. Heesters

struik (de)	buske (en)	['buskə]
heester (de)	buske (en)	['buskə]

wijnstok (de)	vinranka (en)	['vin͵raŋka]
wijngaard (de)	vingård (en)	['vin͵goːɖ]

frambozenstruik (de)	hallonsnår (ett)	['halʲon͵snoːr]
zwarte bes (de)	svarta vinbär (ett)	['svaːʈa 'vinbæːr]
rode bessenstruik (de)	röd vinbärsbuske (en)	['røːd 'vinbæːʂ͵buskə]
kruisbessenstruik (de)	krusbärsbuske (en)	['krʉːsbæːʂ͵buskə]

acacia (de)	akacia (en)	[aˈkasia]
zuurbes (de)	berberis (en)	['bɛrberis]
jasmijn (de)	jasmin (en)	[hasˈmin]

jeneverbes (de)	en (en)	['en]
rozenstruik (de)	rosenbuske (en)	['rʊsən͵buskə]
hondsroos (de)	stenros, hundros (en)	['stenrʊs], ['hundrʊs]

96. Vruchten. Bessen

vrucht (de)	frukt (en)	['frʉkt]
vruchten (mv.)	frukter (pl)	['frʉktər]
appel (de)	äpple (ett)	['ɛplʲe]
peer (de)	päron (ett)	['pæːrɔn]
pruim (de)	plommon (ett)	['plʲumɔn]

aardbei (de)	jordgubbe (en)	['jʉːd͵gubə]
zure kers (de)	körsbär (ett)	['ɕøːʂ͵bæːr]
zoete kers (de)	fågelbär (ett)	['foːgəlʲ͵bæːr]
druif (de)	druva (en)	['drʉːva]

framboos (de)	hallon (ett)	['halʲon]
zwarte bes (de)	svarta vinbär (ett)	['svaːʈa 'vinbæːr]
rode bes (de)	röda vinbär (ett)	['røːda 'vinbæːr]
kruisbes (de)	krusbär (ett)	['krʉːs͵bæːr]
veenbes (de)	tranbär (ett)	['tran͵bæːr]

sinaasappel (de)	apelsin (en)	[apɛlʲˈsin]
mandarijn (de)	mandarin (en)	[mandaˈrin]
ananas (de)	ananas (en)	[ˈananas]

banaan (de)	banan (en)	['banan]
dadel (de)	dadel (en)	['dadəlʲ]

citroen (de)	citron (en)	[siˈtrʊn]
abrikoos (de)	aprikos (en)	[apriˈkʊs]
perzik (de)	persika (en)	['pɛʂika]

kiwi (de)	kiwi (en)	['kivi]
grapefruit (de)	grapefrukt (en)	['grɛjp͵frʉkt]

bes (de)	bär (ett)	['bæːr]
bessen (mv.)	bär (pl)	['bæːr]
vossenbes (de)	lingon (ett)	['liŋɔn]
bosaardbei (de)	skogssmultron (ett)	['skʊgs͵smulʲtrɔːn]
bosbes (de)	blåbär (ett)	['blʲoː͵bæːr]

97. Bloemen. Planten

bloem (de)	blomma (en)	['blʲʊma]
boeket (het)	bukett (en)	[bʉ'kɛt]

roos (de)	ros (en)	['rʊs]
tulp (de)	tulpan (en)	[tulʲ'pan]
anjer (de)	nejlika (en)	['nɛjlika]
gladiool (de)	gladiolus (en)	[glʲadi'ɔlʉːs]

korenbloem (de)	blåklint (en)	['blʲoːˌklint]
klokje (het)	blåklocka (en)	['blʲoːˌklʲɔka]
paardenbloem (de)	maskros (en)	['maskrʊs]
kamille (de)	kamomill (en)	[kamɔ'milʲ]

aloë (de)	aloe (en)	['alʲʊe]
cactus (de)	kaktus (en)	['kaktus]
ficus (de)	fikus (en)	['fikus]

lelie (de)	lilja (en)	['lilja]
geranium (de)	geranium (en)	[je'ranium]
hyacint (de)	hyacint (en)	[hya'sint]

mimosa (de)	mimosa (en)	[mi'mɔːsa]
narcis (de)	narciss (en)	[nar'sis]
Oostindische kers (de)	blomsterkrasse (en)	['blʲɔmstərˌkrasə]

orchidee (de)	orkidé (en)	[ɔrki'deː]
pioenroos (de)	pion (en)	[pi'ʊn]
viooltje (het)	viol (en)	[vi'ʊlʲ]

driekleurig viooltje (het)	styvmorsviol (en)	['styvmʊrs vi'ʊlʲ]
vergeet-mij-nietje (de)	förgätmigej (en)	[føˌrʲæt mi 'gej]
madeliefje (het)	tusenskönna (en)	['tʉːsənˌɧøːna]

papaver (de)	vallmo (en)	['valʲmʊ]
hennep (de)	hampa (en)	['hampa]
munt (de)	mynta (en)	['mʏnta]

lelietje-van-dalen (het)	liljekonvalje (en)	['lilje kʊn 'valjə]
sneeuwklokje (het)	snödropp (en)	['snøːˌdrɔp]

brandnetel (de)	nässla (en)	['nɛslʲa]
veldzuring (de)	syra (en)	['syra]
waterlelie (de)	näckros (en)	['nɛkrʊs]
varen (de)	ormbunke (en)	['ʊrmˌbuŋkə]
korstmos (het)	lav (en)	['lʲav]

oranjerie (de)	drivhus (ett)	['drivˌhʉs]
gazon (het)	gräsplan, gräsmatta (en)	['grɛsˌplan], ['grɛsˌmata]
bloemperk (het)	blomsterrabatt (en)	['blʲɔmstərˌrabat]

plant (de)	växt (en)	['vɛkst]
gras (het)	gräs (ett)	['grɛːs]
grasspriet (de)	grässtrå (ett)	['grɛːsˌstroː]

blad (het)	löv (ett)	['lʲøːv]
bloemblad (het)	kronblad (ett)	['krɔnˌblʲad]
stengel (de)	stjälk (en)	['ɧɛlʲk]
knol (de)	rotknöl (en)	['rʊtˌknøːlʲ]

| scheut (de) | ung planta (en) | ['ʊŋ 'planta] |
| doorn (de) | törne (ett) | ['tøːɳə] |

bloeien (ww)	att blomma	[at 'blʲʊma]
verwelken (ww)	att vissna	[at 'visna]
geur (de)	lukt (en)	['lʉkt]
snijden (bijv. bloemen ~)	att skära av	[at 'ɧæːra av]
plukken (bloemen ~)	att plocka	[at 'plʲɔka]

98. Granen, graankorrels

graan (het)	korn, spannmål (ett)	['kʊːɳ], ['spanˌmoːlʲ]
graangewassen (mv.)	spannmål (ett)	['spanˌmoːlʲ]
aar (de)	ax (ett)	['aks]

tarwe (de)	vete (ett)	['veːtə]
rogge (de)	råg (en)	['roːg]
haver (de)	havre (en)	['havrə]
gierst (de)	hirs (en)	['hyʂ]
gerst (de)	korn (ett)	['kʊːɳ]

maïs (de)	majs (en)	['majs]
rijst (de)	ris (ett)	['riːs]
boekweit (de)	bovete (ett)	['bʊˌveːtə]

erwt (de)	ärt (en)	['æːʈ]
boon (de)	böna (en)	['bøna]
soja (de)	soja (en)	['sɔja]
linze (de)	lins (en)	['lins]
bonen (mv.)	bönor (pl)	['bønʊr]

LANDEN VAN DE WERELD

99. Landen. Deel 1

Nederlands	Zweeds	Uitspraak
Afghanistan (het)	Afghanistan	[afˈganiˌstan]
Albanië (het)	Albanien	[alˈlʲbaniən]
Argentinië (het)	Argentina	[argɛnˈtina]
Armenië (het)	Armenien	[arˈmeniən]
Australië (het)	Australien	[auˈstraliən]
Azerbeidzjan (het)	Azerbajdzjan	[asɛrbajˈdʒʲan]
Bahama's (mv.)	Bahamas	[baˈhamas]
Bangladesh (het)	Bangladesh	[banglʲaˈdɛʃ]
België (het)	Belgien	[ˈbɛlʲgiən]
Bolivia (het)	Bolivia	[bʊˈlivia]
Bosnië en Herzegovina (het)	Bosnien-Hercegovina	[ˈbɔsniən hɛrsəgɔˈvina]
Brazilië (het)	Brasilien	[braˈsiliən]
Bulgarije (het)	Bulgarien	[bʉlʲˈgariən]
Cambodja (het)	Kambodja	[kamˈbɔdja]
Canada (het)	Kanada	[ˈkanada]
Chili (het)	Chile	[ˈɕiːlʲe]
China (het)	Kina	[ˈɕina]
Colombia (het)	Colombia	[kɔˈlʲʉmbia]
Cuba (het)	Kuba	[ˈkʉːba]
Cyprus (het)	Cypern	[ˈsypɛːŋ]
Denemarken (het)	Danmark	[ˈdaŋmark]
Dominicaanse Republiek (de)	Dominikanska republiken	[dɔminiˈkanska repuˈblikən]
Duitsland (het)	Tyskland	[ˈtʏsklʲand]
Ecuador (het)	Ecuador	[ɛkvaˈdʊr]
Egypte (het)	Egypten	[eˈjyptən]
Engeland (het)	England	[ˈɛŋlʲand]
Estland (het)	Estland	[ˈɛstlʲand]
Finland (het)	Finland	[ˈfinlʲand]
Frankrijk (het)	Frankrike	[ˈfraŋkrikə]
Frans-Polynesië	Franska Polynesien	[ˈfranska polʲyˈnesiən]
Georgië (het)	Georgien	[jeˈɔrgiən]
Ghana (het)	Ghana	[ˈgana]
Griekenland (het)	Grekland	[ˈgreklʲand]
Groot-Brittannië (het)	Storbritannien	[ˈstʊrˌbriˈtaniən]
Haïti (het)	Haiti	[haˈiti]
Hongarije (het)	Ungern	[ˈuŋɛːŋ]
Ierland (het)	Irland	[ˈilʲand]
IJsland (het)	Island	[ˈislʲand]
India (het)	Indien	[ˈindiən]
Indonesië (het)	Indonesien	[indʊˈnesiən]

Irak (het)	Irak	[iˈrak]
Iran (het)	Iran	[iˈran]
Israël (het)	Israel	[ˈisraelʲ]
Italië (het)	Italien	[iˈtaliən]

100. Landen. Deel 2

Jamaica (het)	Jamaica	[jaˈmajka]
Japan (het)	Japan	[ˈjapan]
Jordanië (het)	Jordanien	[juːˈdʲaniən]
Kazakstan (het)	Kazakstan	[kaˈsakˌstan]
Kenia (het)	Kenya	[ˈkenja]
Kirgizië (het)	Kirgizistan	[kirˈgisiˌstan]
Koeweit (het)	Kuwait	[kʉˈvajt]

Kroatië (het)	Kroatien	[krʊˈatiən]
Laos (het)	Laos	[ˈlʲaɔs]
Letland (het)	Lettland	[ˈlʲetlʲand]
Libanon (het)	Libanon	[ˈlibanɔn]
Libië (het)	Libyen	[ˈlibiən]
Liechtenstein (het)	Liechtenstein	[ˈlihtənstajn]
Litouwen (het)	Litauen	[liˈtauən]

Luxemburg (het)	Luxemburg	[ˈlʉksəmˌburj]
Macedonië (het)	Makedonien	[makeˈdʊniən]
Madagaskar (het)	Madagaskar	[madaˈgaskar]
Maleisië (het)	Malaysia	[maˈlʲajsia]
Malta (het)	Malta	[ˈmalʲta]
Marokko (het)	Marocko	[maˈrɔkʊ]
Mexico (het)	Mexiko	[ˈmɛksikɔ]

Moldavië (het)	Moldavien	[mʊlʲˈdaviən]
Monaco (het)	Monaco	[ˈmɔnakɔ]
Mongolië (het)	Mongoliet	[mʊŋgʊˈliet]
Montenegro (het)	Montenegro	[ˈmɔntəˌnegrʊ]
Myanmar (het)	Myanmar	[ˈmjanmar]
Namibië (het)	Namibia	[naˈmibia]
Nederland (het)	Nederländerna	[ˈnedɛːˌlʲɛndɛːɳa]

Nepal (het)	Nepal	[neˈpalʲ]
Nieuw-Zeeland (het)	Nya Zeeland	[ˈnya ˈseːlʲand]
Noord-Korea (het)	Nordkorea	[ˈnʊːɖ kʊˈrea]
Noorwegen (het)	Norge	[ˈnɔrjə]
Oekraïne (het)	Ukraina	[uˈkrajna]
Oezbekistan (het)	Uzbekistan	[usˈbekiˌstan]
Oostenrijk (het)	Österrike	[ˈœstɛˌrikə]

101. Landen. Deel 3

Pakistan (het)	Pakistan	[ˈpakiˌstan]
Palestijnse autonomie (de)	Palestina	[palʲeˈstina]
Panama (het)	Panama	[ˈpanama]

Nederlands	Zweeds	Uitspraak
Paraguay (het)	Paraguay	[paraɡˈwaj]
Peru (het)	Peru	[pɛˈrʉ]
Polen (het)	Polen	[ˈpoːlʲen]
Portugal (het)	Portugal	[ˈpɔːtugalʲ]
Roemenië (het)	Rumänien	[rʉˈmɛːniən]
Rusland (het)	Ryssland	[ˈrʏslʲand]
Saoedi-Arabië (het)	Saudiarabien	[ˈsaudi aˈrabiən]
Schotland (het)	Skottland	[ˈskɔtlʲand]
Senegal (het)	Senegal	[seneˈɡalʲ]
Servië (het)	Serbien	[ˈsɛrbiən]
Slovenië (het)	Slovenien	[slʲɔˈveniən]
Slowakije (het)	Slovakien	[slʲɔˈvakiən]
Spanje (het)	Spanien	[ˈspaniən]
Suriname (het)	Surinam	[ˈsʉriˌnam]
Syrië (het)	Syrien	[ˈsyriən]
Tadzjikistan (het)	Tadzjikistan	[taˈdʒikiˌstan]
Taiwan (het)	Taiwan	[tajˈvan]
Tanzania (het)	Tanzania	[tansaˈnija]
Tasmanië (het)	Tasmanien	[tasˈmaniən]
Thailand (het)	Thailand	[ˈtajlʲand]
Tsjechië (het)	Tjeckien	[ˈɕɛkiən]
Tunesië (het)	Tunisien	[tʉˈnisiən]
Turkije (het)	Turkiet	[turkiet]
Turkmenistan (het)	Turkmenistan	[turkˈmeniˌstan]
Uruguay (het)	Uruguay	[ʉruɡˈwaj]
Vaticaanstad (de)	Vatikanstaten	[vatiˈkanˌstaten]
Venezuela (het)	Venezuela	[venesuˈɛlʲa]
Verenigde Arabische Emiraten	Förenade arabrepubliken	[føˈrenade aˈrab repubˈlikən]
Verenigde Staten van Amerika	Amerikas Förenta Stater	[aˈmɛrikas føˈrɛnta ˈstatər]
Vietnam (het)	Vietnam	[ˈvjɛtnam]
Wit-Rusland (het)	Vitryssland	[ˈvitˌrʏslʲand]
Zanzibar (het)	Zanzibar	[ˈsansibar]
Zuid-Afrika (het)	Republiken Sydafrika	[repuˈbliken ˈsydˌafrika]
Zuid-Korea (het)	Sydkorea	[ˈsydˌkʊˈrea]
Zweden (het)	Sverige	[ˈsvɛrijə]
Zwitserland (het)	Schweiz	[ˈʃvɛjts]

www.ingramcontent.com/pod-product-compliance
Lightning Source LLC
Chambersburg PA
CBHW071502070426
42452CB00041B/2094